Peter Dyckhoff

Das kleine Buch vom Ruhegebet

Über den Autor:

Peter Dyckhoff, Dr. theol., studierte Psychologie und war viele Jahre als Geschäftsführer eines Industriebetriebes tätig. 1981 zum Priester geweiht, arbeitete er als Gemeinde-, Wallfahrts- und Krankenhausseelsorger. Er ist anerkannter Experte für das christliche Ruhegebet und wurde 2006 über dieses Thema zum Doktor der Theologie promoviert. 2013 gründete er die Stiftung Ruhegebet.

Peter Dyckhoff

Das kleine Buch vom Ruhe-gebet

HERDER

FREIBURG · BASEL · WIEN

MIX
Papier | Fördert gute Waldnutzung
FSC® C014496
www.fsc.org

Unveränderte Neuausgabe

www.herder.de

Umschlaggestaltung: Finken & Bumiller, Stuttgart
Umschlagmotiv: Edler von Rabenstein / shutterstock

Die Bibeltexte sind entnommen aus:
Die Bibel. Die Heilige Schrift des Alten und Neuen Bundes. Vollständige deutsche Ausgabe
DIE BIBEL

Satz: Arnold & Domnick, Leipzig
Herstellung: GGP Media GmbH, Pößneck

Printed in Germany

ISBN 978-3-451-03269-1

Inhalt

Einführung

Gegen die Ruhelosigkeit

Das Ruhegebet hat seinen Ursprung im Neuen Testament und basiert zudem auf den Erfahrungen der frühchristlichen Mönchsväter. Diese Gebetsweise wurde erstmals von *Johannes Cassian* (360–435) aufgezeichnet und somit für alle zugänglich gemacht. Gerade in der Ruhelosigkeit unserer Zeit bietet dieses Gebet – auf heutige Erfordernisse hin aktualisiert – einen bewährten Weg zu innerer Ruhe und tieferer Erfahrung des Glaubens.

Bei der enormen Reizüberflutung, der wir ständig ausgesetzt sind, muss zur Ruhe der Nacht eine weitere, geistige Erfahrung der Stille kommen, damit wir nicht krank werden. Es muss Zeiten der Stille und des Schweigens geben, in denen wir uns von allem Sichtbaren und Hörbaren lösen und uns dem „Unsichtbaren“ zuwenden. Wenn wir unser Leben entsprechend einrichten, werden wir von dem Zuviel und der damit verbundenen Dunkelheit befreit, sodass uns das Licht, Christus, einleuchten kann.

Möchten wir, dass unsere Innerlichkeit schneller zur Entfaltung kommt und wir mehr aus unserer Mitte leben, so ist es ratsam, sich wiederholt in die Stille zurückzuziehen. Dies kann durch das Ruhegebet geschehen. Wenn Jesus immer wieder in die Einsamkeit ging, um im Gebet mit seinem himmlischen Vater allein zu sein, um wie viel mehr haben wir es nötig, das Eine, die Stille, immer wieder dem Vielen vorzuziehen?

Doch wo bleibt in unserem Leben Raum und Zeit für das Gebet, für das Schweigen und die Ruhe, von der Gott am siebten Schöpfungstag spricht, der auch uns bittet, diesen Tag durch Ruhe zu heiligen? Um in ein gesundes Gleichgewicht zu kommen oder in ihm zu bleiben, ist es neben unseren Aufgaben notwendig, etwa ein Siebtel unserer Zeit in der von Gott geheiligten Stille und Ruhe zu verbringen. Die tiefe Ruhe für Körper, Geist und Seele, die sich dem Betenden im Ruhegebet schenkt, befreit uns von schmerzhaften, im Wege stehenden Eindrücken und bringt uns dem Urgrund der Schöpfung, Gott, näher.

Wir dürfen und müssen uns in der Begrenztheit unseres menschlichen Wesens immer wieder in die Stille zurückziehen, um nicht leer und krank zu werden. Es darf nicht sein, dass wir in Spannungen hineingeraten, die uns dem wahren Leben mehr und mehr entfremden.

Wie ein lebendiger Organismus die Möglichkeit bietet, von jedem Teil seiner Oberfläche zu der ihn durchflutenden Lebensenergie zu gelangen (wie bei der Pflanze der Saft), so ist für Cassian das Ruhegebet ein umfassendes Gebet, das ständig – immer und überall – einen Zugang zu Gott ermöglicht. Das tiefste Anliegen Cassians ist es, dass der Betende in allem und durch alles in seinem Leben eine Begegnung mit dem Schöpfer erfährt, dem Urgrund allen Seins, mit Gott, der die Liebe ist. Cassian möchte seine Schüler in eine solche Weite des Bewusstseins führen, in der jede Wahrnehmung zu einer Gottesbegegnung wird. Wie Cassian in seiner Zeit durch seine gelebte Spiritualität und seine Werke, die Wissen und Erfahrung verbinden, für viele ein großer Anstoß war, so dürfte auch heute sein Ruhegebet eine Herausforderung sein, aus der Grauzone, der Routine des Alltags und der Mittelmäßigkeit des Glaubens herauszutreten, um Entgrenzung zu erfahren.

Gottes Wille und Eigenwille

Nachdem der Engel Gabriel in Nazaret Maria die frohe Botschaft verkündet und ihr die Geburt Jesu verheißen hatte, antwortete Maria: *Ich bin die Magd des Herrn; mir geschehe nach deinem Wort* (Lukas 1,38). Mit dieser Antwort nimmt Maria die dritte Vaterunser-Bitte vorweg. Der Gottsuchende und auf

Gott Hörende übt im Gebet der Hingabe, seinen eigenen menschlichen Willen zurückzunehmen und letztlich sogar aufzugeben. Damit gewährt er dem Willen Gottes und seiner Gegenwart in sich Raum. Gott möchte aus Liebe zu seinen Geschöpfen und der gesamten Schöpfung seinen Heilswillen allen kundtun, damit nichts und niemand verloren geht. Der Betende, der noch in der Begrenztheit von Raum und Zeit lebt, lernt durch das Ruhegebet seine eigenen Grenzen auf Gott hin transparent werden zu lassen. Dem äußeren und inneren Schweigen folgt eine tiefe Ruhe der Seele, in der Gott seinen wohlwollenden Willen dem Menschen offenbaren kann. Jesus hat durch sein Wort und sein Leben den Menschen gezeigt, wie es möglich ist, den Willen Gottes zu erkennen, zu bejahen und auszuführen. Gott selbst ist der Handelnde und dem Menschen kommt es zu, Empfangender zu werden, um seinen eigenen Willen im Willen Gottes aufgehen zu lassen. Daher muss es im menschlichen Leben Pausen geben, die er mit dem Gebet der Hingabe füllt, um jenseits allen eigenen Tuns zum Empfangenden zu werden. Durch das Ruhegebet, das die Haltung „Dein Wille geschehe" einübt, erfolgt der Aufbruch zu Gott schrittweise und nicht so schmerzhaft wie oft inmitten des Lebens, wenn Gott einen Menschen mehrmals rufen muss. Das Gebet der Ruhe verspricht die beste Übung, gelassen, frei und „willenlos" zu werden und den Willen Gottes geschehen zu lassen oder gar noch geduldig auf ihn zu warten. Der Eigenwille eines Menschen kann wie eine Mauer zwischen ihm und Gott sein, ein Fels, an dem alles von Gott Kommende abprallt. Wenn er nun seinen verhärteten Eigenwillen aufgibt, dann kann er sagen: *Mit meinem Gott erstürme ich Mauern* (Psalm 18,30).

Da jedoch der Eigenwille dem Menschen überaus lieb ist, fällt es ihm schwer, ihn aufbrechen zu lassen oder ihn wie eine Mauer zu überspringen. Es kann daher vorkommen, dass das Ruhegebet, das uns für den göttlichen Willen öffnet, zeitweilig als schmerzhaft empfunden wird.

Der Betende legt im Gebet der Ruhe seinen Willen in die Hände Gottes – darauf vertrauend, dass nur etwas unendlich Gutes mit ihm geschehen kann. Durch Christus, den er in seinem Gebet immer wieder anruft, steuert er auf eine langsame, endgültige Überwindung von Zeit und Tod. Lassen wir den Willen Gottes durch uns lebendig und wirksam werden, entwickelt sich schon sehr bald „das Bild des Himmlischen" in uns.

Nur zu gut wissen wir aus eigener Erfahrung, dass der Wille Gottes nicht in jedem und allem pulsiert, sondern dass immer wieder finstere und zerstörerische Kräfte am Werk sind, die das aufstrahlende Licht unserer Seele überschatten und auslöschen wollen. Durch Christus jedoch sind wir fähig geworden, den alten Menschen in uns abzulegen, um zu einem neuen Menschen zu werden, der nach dem Bild unseres Schöpfers erneuert wird, um ihn zu erkennen und eins mit ihm zu werden.

Entstehung des Ruhegebetes

Als heilendes Mittel, um allen dunklen und versucherischen Kräften entgegenzutreten, praktizierten und lehrten die frühen Wüstenväter das Ruhegebet, eine Gebetsweise, die sie aus dem Verhalten Jesu gegenüber dem Versucher in der Wüste entwickelten. Dieses Gebet besteht im einfachen Wiederholen bestimmter Verse aus der Heiligen Schrift. Es ist eine Art Stoßgebet, das oftmals rezitiert und dann langsam verinnerlicht wird.
Am Ende seines Aufenthaltes in der Wüste begegnet Jesus dem Widersacher, der ihn in Versuchung führen will. Jesus lässt sich jedoch nicht auf Diskussionen mit ihm ein, sondern antwortet ihm jeweils mit

einem Wort Gottes, das für den Widersacher eine Absage bedeutet.
Die Väter wussten um die Gefährlichkeit und die verheerenden Folgen, wenn sie einer Versuchung erlagen. Jede Versuchung wird für sie zur Verführung und führt damit zum Abfall von Gott. Um nicht zu erliegen, nahmen sie das Verhalten Jesu zu ihrem Vorbild, indem sie jeder versucherischen Situation mit einem Wort Gottes begegneten, das sie oftmals wiederholten. Das Verhalten Jesu am Ende seiner Fastenzeit, die wiederholte Absage an das Böse und die mit dem Schriftwort verbundene Ausrichtung auf Gott wurde von den Vätern zu einem allgemeinen Prinzip erhoben.
Diese Gebetsweise, die sich zuerst „Widerspruch" oder „Widerrede" nannte, bildete die Grundlage für das spätere Ruhegebet, das dann regelmäßig gebetet wurde und nicht nur in einer versucherischen Situation. Es sind nur wenige, aber oft wiederholte Worte, die zum Ruhegebet werden. Dadurch werden negative, zerstörerische und ungute Kräfte abgebaut und ein Schutzwall gebildet, dass sie den Menschen nicht mehr zerstörerisch überfallen und keinen Einlass in sein Inneres finden. Auf diesem Weg findet der Betende die der Seele innewohnende Ruhe und kann sie mehr und mehr stabilisieren. Durch dieses

so einfache Gebet wird die Seele frei von allen Dunkelheiten und zum Licht in die Nähe Gottes geführt; der ständig fließende Gedankenstrom wird durch die Wiederholung ein und desselben Verses aus der Heiligen Schrift unterbrochen, sodass sich Frieden und Ruhe in der Seele ausbreiten können.

Hinführung zur Gebetspraxis

Hingabe üben

Das Ruhegebet ist eine besondere Gebetsweise, die sich vom Lobgebet, der Fürbitte und der Danksagung unterscheidet. Der Betende hat hier jeweils ein besonderes Anliegen, das er vor den Herrn bringt. Im Ruhegebet dagegen geht es nicht um eine bestimmte Thematik, um kein Singen oder Sprechen, um kein bewusstes Denken oder Fühlen, auch um kein inneres Formulieren und auch um kein Gespräch mit Gott. Alles, was in Bewegung ist, kommt mehr und mehr zum Schweigen – sei es die Sprache des Körpers, des Geistes oder die der Seele.

Das Ruhegebet ist eher mit einem Opfer zu vergleichen, bei dem ich abgebe, um es dem Herrn zu übergeben. Hieraus entsteht Hingabe, letztlich die Hingabe meines Selbst, damit ich empfänglich werde für die Liebe Gottes, seine Gnade und für seinen Willen. Da unser kleines Ich mit seinen vielen Vorstellungen und Gedanken, Bildern, Wünschen und Erwartungen uns vorerst immer wieder daran hindert, still zu werden und ein von Gott erfülltes Schweigen zu erfahren, muss das Ruhegebet in mehreren Schritten eingeübt werden. Dazu bedarf es weiterhin mancher Erklärungen durch den geistlichen Begleiter oder die Literatur.

Das Tun, Treiben und Toben der Welt lassen wir hinter uns, wenn wir uns für die Zeit des Gebetes in die Stille zurückziehen. Hier stehen wir direkt in der Nachfolge Jesu Christi, denn es heißt in der Schrift immer wieder von ihm, dass er sich in die Einsamkeit zurückzog, um zu beten. Für ihn war das Eine von höchster Wichtigkeit: die Gemeinschaft mit dem Vater. Und dazu legte er sein Wollen, seine Liebe, sein ganzes Sein in die Hände des Vaters, um von ihm neue Kraft, Einsicht, Auftrag und Gnade zu erhalten.

Da das Ruhegebet uns auf Gott hin entgrenzt, finden in diesem Gebet bestimmte Anliegen oder gar Betrachtungen keinen Platz. Unser Tun und Wollen, ja, die gesamte Vielfalt unseres Ichs stirbt förmlich in Gott hinein, um mit Jesus Christus aufzuerstehen. Wenn wir die ersten Erfahrungen mit diesem Sterben in Gott und gleichzeitig mit der Auferstehung in Jesus Christus gemacht haben, schenkt sich uns eine neue Tiefe unserer Religiosität und damit verbunden eine schrittweise Offenbarung des Geheimnisses des Glaubens.

Unsere Innerlichkeit richten wir im Ruhegebet immer wieder auf Gott und seinen eingeborenen Sohn Jesus Christus aus. Dies geschieht nicht nur für das Nervensystem, um wach und aufmerksam zu bleiben, sondern insbesondere für unsere Seele, damit sie – angezogen von der Herrlichkeit Gottes – ihrer Sehnsucht folgen kann, Gott zu berühren und in ihm zu wohnen.

Dieses Gebet ist ein einfaches und müheloses Gebet, das zur wirklichen, unerschöpflichen Kraftquelle führt. Es ist ein Mittel, die Reinheit des Herzens und der Seele zu erlangen. Durch die Praxis, die ständige schweigende Wiederholung der Gebetsformel, richtet sich der Geist ganz auf Gott aus, damit er sich uns schenken kann. Das Ruhegebet bereitet den Boden, um sowohl in tieferen Gebeten mit Gott Gemeinschaft zu erfahren, als auch generell das Leben besser zu bestehen. Es ergibt sich ein Wechsel zwischen Ruhe und Aktivität, wie wir ihn als zugrunde liegende Ordnung in der gesamten Schöpfung erleben.

Die Grundhaltung in diesem Gebet ist die eines Empfangenden, der sich vertrauend und „willenlos" auf Gott verlässt. Die Hingabe des eigenen Willens an Gott wird eingeübt, damit – gestärkt durch seine Gabe – mit neuer Willenskraft unsere Aufgaben wieder angegangen werden können. Folgen wir den Anweisungen Cassians, breitet sich eine große und innere Ruhe aus. Diese Ruhe wird zum Schutz gegen neue Störfaktoren, leitet eine Entgrenzung auf Gott ein und stabilisiert Geist und Körper.

Auf den weiteren Stufen dieses Gebetsweges erfährt der Betende einen geistigen Fortschritt. Sein Verstehen größerer Zusammenhänge und seine aus Intuition erworbene Klugheit lassen die eigenen Grenzen transparent werden und erweitern langsam sein Bewusstsein. Es ist heilsam, von der Begrenztheit des „eigenen Hauses", das heißt von den Pflichten, Sorgen, Gewohnheiten wie auch dem Glücklichsein durch kreative Pausen, Abstand zu nehmen, indem Distanz und damit Überblick gewonnen wird, um erfrischt mit neuen Ideen und neuem Schwung zurückzukehren. Durch das Ruhegebet verlassen wir uns nicht auf ein grenzenloses Nichts, sondern es ist ein Sich-Verlassen auf Jesus Christus. Aus dieser Hingabe schöpfen wir neue Energie, Mut und auch die Freude, unseren Lebensauftrag neu durch ihn und mit ihm und in ihm zu erfüllen.

Die Einübung in das Ruhegebet möchte helfen, unser Leben tragfähiger zu gestalten, eine umfassendere Einsicht zu gewinnen und Jesus Christus als das wegweisende Licht bewusst zu erleben. Auf der Ebene unseres Bewusstseins, das sich ins Grenzenlose entfalten möchte, wird uns die Botschaft Jesu neu einleuchten. Wenn wir mit ihm diesen Weg gehen, werden unser Herz und unser Verstand von seiner Wahrheit durchdrungen sein.

Im Sinne von *Johannes Cassian* bedeutet Beten, alles aufzugeben: Gedanken, Gottesbilder, Vorstellungen, den eigenen Willen … *Evagrius Ponticus* (345–399) lehrte Cassian das Ruhegebet, ein rein geistliches Gebet, frei von aller Bildlichkeit. Gott darf nicht irgendwie vorgestellt oder vor Augen geführt werden. Es geht um ein völlig bildloses Anschauen – „mit den reinen Blicken der Seele". Cassian beschreibt genau die Methode des Gebetes. Ein einziger kurzer Satz wird als Mittel benutzt, die nötige Stille zu erlangen. Die Fülle der Gedanken wird durch die strenge Armut eines einzigen Verses mehr und mehr reduziert. Dieser Prozess tiefer Ruhe für Körper, Geist und Seele reinigt das Nervensystem und die Psyche. Er führt somit letztlich zur Reinheit des Herzens. Durch die Übung des Ruhegebetes wird die Reinheit des Herzens zu einem andauernden Zustand, der einen entscheidenden Wendepunkt auf dem spirituellen Weg des Christen darstellt. Das Ruhegebet vermittelt intuitive Erkenntnis der Einfachheit und führt letztlich zu einem erfahrungsmäßigen Wissen um Gott. Freude am Einfach-Da-Sein wird im Gebet erlebt. Wenn aller „Besitz" aufgegeben und alles losgelassen wird, dann steht der Betende in absoluter Einfachheit vor Gott. Der Geist kann ganz leicht in der strengen Armut einer kurzen Anrufung schwingen, bis jener Glückszustand erreicht ist, den das Evangelium „selig" nennt. So ist auch die erste Seligpreisung zu verstehen: *Selig die Armen im Geist; denn ihnen gehört das Himmelreich* (Matthäus 5,3). Im Ruhegebet leben, ja, atmen wir die Armut immer mehr. Es ist die einfache, in sich selbst schwingende Ruhe, die den Reichtum der ganzen Schöpfung in sich enthält. Das Ruhegebet trägt wesentlich dazu bei, das Leben in tieferen Dimensionen des Seins zu erfahren und eine Beständigkeit des Herzens zu erlangen. Das Ruhegebet kommt der Sehnsucht nach Ganzheit entgegen, nach Integration von Geist, Seele und Körper, nach Erkenntnis und Bewältigung des dunklen Schattens im Menschen. Er wird frei von unnötigem Ballast, durchlässig für den Geist Christi, sodass er seinen eigenen Weg erkennen, gehen und bejahen kann.

Die aus dem Ruhegebet gewonnene Ruhe kann nicht nur helfen, den Alltag kraftvoller und sicherer zu bestehen, sondern sie schenkt auch das Gefühl der letzten Geborgenheit in Gott und somit Mut zum Loslassen. Durch den geistlichen Schulungsweg erfährt der Übende innerhalb seiner menschlichen Begrenzungen mehr und mehr eine unbewegliche Ruhe des Geistes und gleichzeitig eine Reinigung des Nervensystems und Bewusstseins (Reinheit des Herzens). Wie in einem inneren Reinigungsvorgang wird er von allem befreit, was nicht zu ihm gehört und seinem Entwicklungsweg nicht entspricht. Das Gebet wird immer mehr im Fortschreiten auf Gott zu einem unaussprechlichen Schwingen, und es entgrenzt den Betenden auf Gottes liebendes Entgegenkommen und seine unendliche Barmherzigkeit.

Aufruf zum Aufbruch

Gott sprach zu Abraham: *Ziehe fort aus deinem Land, von deiner Verwandtschaft und aus deinem Vaterhaus in das Land, das ich dir zeigen werde!* (Genesis 12,1). Dieser Aufruf zum Aufbruch ist das erste Wort in der Heiligen Schrift, das Gott zu einer geschichtlich erkennbaren Person gesprochen hat. Abraham soll Gewohntes verlassen und aus seinen eigenen Lebensentwürfen ausziehen. Er machte sich fest in Gott, vertraute ihm und ging mit ihm seinen Weg, indem er das Sichere, Berechenbare und Überschaubare hinter sich ließ.

Das Wort Gottes an Abraham ist ein Bild dessen, was im Ruhegebet geschieht. Wer es ernst meint mit seinem Glauben und Gott spüren und ihm näherkommen möchte, sollte darum wissen, dass im Ruhegebet ein Aufbruch in das Land geschieht, das Gott uns zeigen möchte. Und gleichzeitig erfahren wir in dieser Welt, die es zu bestehen gilt, Sinn, Standfestigkeit, Freude und Erfüllung. Um unseren Auftrag jedoch in dieser Welt auszuführen, benötigen wir immer wieder und täglich neu die Verbundenheit mit Gott, dem Vater, dem Sohn und dem Heiligen Geist. Dies vollzieht sich im Ruhegebet so lang, bis das Leben zum Gebet und das Gebet zum Leben geworden ist.

Zur Mitte finden

Stellen wir uns einen Kreis vor, der die gesamte von Gott geschaffene Schöpfung darstellt. Von jedem Punkt des Kreises aus kann man zum Mittelpunkt gelangen. Der Kreis und alles, was ihn von der Peripherie bis zur Mitte erfüllt, ist mehr oder weniger in Bewegung, das heißt im Entstehen und Vergehen. Der Kreis dreht sich als Rad um eine Achse, deren Mitte selbst nicht in Bewegung ist, aber alles, was ist, aus sich entlässt und wieder in sich aufnimmt. Und genau diese Mitte – es ist Gott – tragen wir geheimnisvoll verborgen in unserer Seele.

Wie weit wir auch von der Mitte des Kreises entfernt sind, dem Punkt, der selbst unbewegt alles bewegt: Wir bleiben immer in der von Gott geschaffenen Welt. Somit werden wir auch niemals - mag die Fliehkraft in heftiger Bewegung nach außen noch so stark sein - für immer von Gott getrennt sein. Fliehkräfte der Sünde und der Eigenwilligkeit erzeugen zwar eine immer größer werdende Distanz zu Gott, doch ist und bleibt er immer die Mitte, der Anfang und das Ziel der gesamten Schöpfung und somit auch unserer Sehnsucht.

Erreichen wir nun im Ruhegebet durch eine größer werdende Stille um uns und vor allem in uns, dass die Fliehkräfte keine Macht mehr über uns haben, werden wir von Gott wie von unsichtbarer Hand angezogen. Darin ist das Grundprinzip des Ruhegebetes ausgedrückt.

Wir kommen im Gebet zur Ruhe, indem wir als Erstes alle äußeren Bewegungen zurücklassen und uns einen stillen Platz zum Beten aussuchen. Nachdem wir uns gesetzt haben, schließen wir die Augen, um keine neuen äußeren Wahrnehmungen mehr aufzunehmen. Damit auch die inneren Bewegungen wie die Gedanken und die Gefühle zur Ruhe kommen, nehmen wir ein Gebetswort auf und wiederholen es ohne Anstrengung und ohne irgendeine Erwartung.

Eine der Fliehkraft entgegengesetzte Kraft zieht uns nach innen und führt uns den Weg unserer Sehnsucht, der in einem Ruhen in Gott seine Erfüllung findet.
Wenn wir also im Loslassen von allem, um im Bild zu sprechen, den Mittelpunkt des Kreises berühren, werden wir schweigend in die geheiligte göttliche Stille hineingezogen. Wir dürfen in diesem Vorgang der Versenkung für Momente teilhaben an der ewigen Gegenwart Gottes, und nehmen dabei etwas von seiner liebenden Ausstrahlung auf, die wir dann über das Gebet hinaus mit in unseren Alltag nehmen.

Bereitung zum Gebet

Jesus, der uns kaum etwas von seinem eigenen Beten mitteilt, gibt uns hier eine konkrete Anweisung. *Du aber, wenn du betest, geh in deine Kammer und schließe deine Tür zu und bete zu deinem Vater, der im Verborgenen ist. Dein Vater, der ins Verborgene sieht, wird dir vergelten* (Matthäus 6,6).
In das Verborgene kann kein menschliches Auge blicken und somit sieht kein Mensch, ob jemand betet oder nicht. Veräußerlichung und Eitelkeit bleiben

auf diesem Weg nach innen zurück. Dem Betenden geht es einzig und allein um Gott. Für die Zeit des Ruhegebetes zieht man sich von der Außenwelt zurück und gibt jede bewusst gesteuerte Wahrnehmung, Betrachtung und Erwägung auf.

Bei „geschlossener Tür“ beten wir, wenn wir uns von allem Lärm der Gedanken fernhalten und mit geschlossenen Lippen innerlich den anrufen, in dessen Hand unser Leben liegt. Alles aktive Denken wird aufgegeben, sodass Körper, Geist und Seele die im Verborgenen beheimatete Ruhe in Gott finden. Wenn wir die Tür unserer Kammer schließen, werden sich die Türen zu Gott in unserem Inneren öffnen. Die uns noch verborgenen Schätze der Weisheit und Erkenntnis offenbaren sich und stehen uns zur Verfügung.

Für Jesus gilt im Gebet – hier ist das Ruhegebet gemeint – ein einziges Wort des Vertrauens, der Liebe und der Hingabe weitaus mehr als alle Psalmen. Dieses oftmals sanft wiederholte Wort taucht den Betenden immer mehr in die Tiefe seiner Seele ein und richtet ihn gleichzeitig von hier ganz auf Gott aus.

„Im Verborgenen“ beten wir, wenn wir über die tiefe Innerlichkeit, das Herz, Kontakt allein mit Gott aufnehmen. Hier im Verborgenen unserer Seele findet Gottesbegegnung statt, der Himmel berührt die Erde.

Widergöttliche und uns feindlich gesinnte Mächte haben an diesem Ort des Himmels in uns keine Chance mehr, uns von Gott zu trennen und uns zu Fall zu bringen.

Das Gebet Jesu am Ölberg

Immer, wenn er in Jerusalem war, ging Jesus mit seinen Jüngern über den Kidron-Bach zum Ölberg. Wenn er betete, zog er sich gern in die Einsamkeit zurück. Jesus betete in der Morgenfrühe um Klarheit für seinen Weg und in tiefer Nacht im Garten Getsemani um das Bestehen des Endes seines irdischen Lebens. Jesus ging ein Stück voraus – etwa einen Steinwurf weit –, warf sich auf die Erde nieder und betete: *Mein Vater, wenn es möglich ist, so gehe dieser Kelch an mir vorüber. Doch nicht wie ich will, sondern wie du willst* (Matthäus 26,39). Er betete noch inständiger mit den gleichen Worten, die er dreimal wiederholte.

Es ist anzunehmen, dass sich dieses einfache Gebet Jesu in einer mehrfachen Wiederholung fortsetzte. Er richtete sich fest auf Gott, seinen Vater, aus, um alle Angst zu verlieren und das Leben zu bestehen.

Alle Gebete Jesu beginnen mit der Anrede Gottes als Vater. Jesus hat Gott stets mit „mein Vater" angeredet und dabei das aramäische Wort „Abba" verwendet. Er betete sich mehr und mehr in den Willen Gottes hinein und war bis zum Letzten bereit, alles ihm Zugedachte aus der Hand des Vaters anzunehmen. So ging das Gebet Jesu über in die Einheit mit dem Willen des Vaters.

Im Garten Getsemani geschieht in vollendeter Weise, was wir mit dem Ruhegebet schrittweise einüben: die Verwandlung des gesamten Daseins in ein einziges Gebet der Hingabe und Annahme dessen, was geschehen soll.

Aus dem Beten Jesu leiteten die Wüstenväter die wesentlichen Elemente ihres eigenen Betens und vornehmlich auch die Grundlagen des Ruhegebetes ab:

- die Notwendigkeit des Betens einsehen und dem Gebet vor allem anderen den Vorrang geben
- sich zum persönlichen Beten morgens und abends an einen ruhigen Ort zurückziehen
- möglichst immer am gleichen Ort und zur gleichen Zeit in die Stille des Gebetes gehen, das heißt Regelmäßigkeit wahren
- vor dem Beten Kontakt mit dem Boden, der Erde aufnehmen – sich körperlich hingebend fallen lassen

- nicht viel Worte machen, die Augen schließen und schweigen
- im Ruhegebet Gott als den Vater oder Jesus Christus als den Herrn ansprechen
- ein kurzes Gebetswort, das die Hingabe an den Willen des Vaters oder das Erbarmen Jesu Christi zum Inhalt hat, häufig und sanft innerlich wiederholen.

In diesem wesentlichen Gebet kommen Körper, Geist und Seele sehr schnell zur Ruhe. In dieser Ruhe spürt der Betende mehr und mehr die Gegenwart und die Nähe Gottes. Durch diese Verbindung und Verbundenheit mit dem Schöpfer hat das Widergöttliche nicht die Chance, in den Menschen einzudringen – es prallt von ihm ab. Zukünftiges kann sich im und durch das Ruhegebet anders und intensiver offenbaren, als wenn der Mensch unter ständiger Spannung und in fortwährender Aktivität steht. Die Auferstehung und die nachösterliche Dimension werden für den Betenden immer mehr zur Gewissheit.

Zwei wesentliche Dinge kommen hinzu: Sowohl im Gebet als auch außerhalb des Ruhegebetes erfahren wir ganz von selbst eine größer werdende Gemeinschaft, in die wir liebevoll aufgenommen sind. Unser Bewusstsein und damit auch unser geistig-seelischer

Horizont weiten sich, die Toleranz nimmt zu, unser Durchhaltevermögen wächst und eine stärkere Lebenskraft wird erfahrbar.

Wer sollte noch nicht mit dem Ruhegebet beginnen?

Das Ruhegebet kann im Grunde von allen Menschen bedenkenlos gebetet werden. Dieser frühchristliche Gebetsweg ist unabhängig vom Alter, Beruf, dem persönlichen Lebensweg und theologischem Wissen.

Es gibt allerdings einige Ausnahmen, die zur Vorsicht mahnen. Wer unter extrem hohem Blutdruck leidet, unter Herzbeschwerden und Atemproblemen, wer sich gerade von einer Operation erholt oder unter einer chronischen Krankheit leidet, sollte unbedingt einen Arzt fragen, bevor er mit dem Ruhegebet beginnt. Da zuerst körperliche Veränderungen zum Heil des Menschen auftreten, muss der Arzt wissen, woher diese kommen, um richtig zu diagnostizieren und zu therapieren.

Psychisch labile und schwer kranke Menschen sollten diesen Gebetsweg nur in Abstimmung mit ihrem

Arzt und in Begleitung eines im Ruhegebet erfahrenen Lehrers gehen. Dasselbe gilt für Alkoholiker und diejenigen, die von Drogen abhängig sind oder waren.

Auf psychisch labile oder gar kranke Menschen muss in ganz besonderer Weise Rücksicht genommen werden. Selbst wenn der behandelnde Arzt seinem Patienten zum Ruhegebet rät, sollte bei jedem Schritt zur Einübung ein geistlicher Begleiter zur Seite stehen. Dieser wird die Gebetszeit anfangs nur auf einige Minuten festsetzen und mit dem Kranken zusammen beten.

Dies gilt auch für Depressionen, die weit verbreitet sind. Oft lösen Angriffe von außen oder irgendwelche Zufälligkeiten die Depression aus. Das Niedergedrücktsein besetzt unseren Geist und lässt Glaubenserfahrungen schwerlich zu. Menschen, die diesen Zustand kennen, und jene, die sich in ihm befinden, sollten nicht ohne Weiteres mit dem Ruhegebet beginnen. Sowohl ein Facharzt als auch ein geistlicher Begleiter sollten gefragt werden, und wenn möglich sollten beide auch diesen geistlichen Weg begleiten.

Persönliche Anleitung zum Ruhegebet

Auswahl des persönlichen Gebetswortes

Beim Erlernen des Ruhegebetes ist es wichtig, in den Fußstapfen der Altväter zu gehen und die Tradition zu wahren. Man sollte sich nicht herausnehmen, dieses oder jenes besser zu wissen und entsprechend seinen Weg selbst auszugestalten. Auch müssen wir uns davor hüten, Unterscheidungen vorzunehmen, die nur auf unser eigenes Urteil gestützt sind. Was uns die Väter tradiert haben, sowohl durch ihre Lehre als auch durch das Beispiel ihres Lebens, danach sollten wir uns richten.

Die Lehrer, die den Weg aus eigener Erfahrung kennen, können uns zuverlässig und sicher anleiten und uns erfahren lassen, dass der Weg auf keinen Fall durch das Verdienst der eigenen Anstrengung zu gehen ist.

Nur diejenigen sollen in das Ruhegebet eingewiesen werden, die sich auch wirklich nach diesem Weg sehnen. Die Wüstenväter wollten vermeiden, Menschen zu belehren, die mit etwas sehr Kostbarem, das anderen unendlich wertvoll und heilig ist, grob und fahrlässig umgehen. Denn für viele Menschen ist es schwer zu begreifen, dass – je näher sie an die letzte Wahrheit herangeführt werden – alles sich so sehr

vereinfacht, dass man es kaum glauben kann. Hier besteht die große Gefahr, der die Wüstenväter zuvorkommen wollten: die Wahrheit nicht mehr ernst zu nehmen, da man meint, das Wesentliche müsse weitaus komplizierter sein und geleistet werden.
Demjenigen, der das Ruhegebet erlernen möchte, wird ein kurzes Gebet oder eine Anrufung Jesu Christi oder des Vaters gegeben. Es besteht auch die Möglichkeit, dass er sich von einer kleinen Auswahl von Gebeten eines aussucht, das jetzt für ihn zum Ruhegebet wird. Das Gebet kann in der Muttersprache sein, aber auch in Latein, Griechisch oder Aramäisch.

Das Gebetswort

Stehst du im aktiven Arbeitsleben, das heißt, du gehörst keiner kontemplativen Ordensgemeinschaft an und bist noch nicht um die sechzig oder siebzig Jahre alt, solltest du dir ein kurzes Gebetswort aussuchen. Die längeren Gebete wie „Gott, komm mir zu Hilfe. Herr, eile mir zu helfen" oder „Herr Jesus Christus, Sohn Gottes, sei mir Sünder gnädig" sind eher für kontemplativ lebende Ordensleute bestimmt und

alle, die sich den ganzen Tag über mit ihrem christlichen Glauben beschäftigen.
Wähle ein Gebetswort aus der christlichen Tradition, das sich bereits seit zweitausend Jahren bewährt hat. Auf der folgenden Seite stehen neunundzwanzig von den Wüstenvätern überlieferte Gebetswörter. Lass dir Zeit und lies sie langsam der Reihe nach – ohne dich dabei anzustrengen oder gar theologische Erwägungen anzustellen. Besser noch ist es, wenn du die kurzen Gebete, die Anrufungen Gottes oder die Anrufungen Jesu Christi betest. Spürst du, dass dir das eine oder andere Gebet entgegenkommt, so wähle eines von ihnen als dein persönliches Gebetwort aus. Stelle bei der Auswahl keine großen Überlegungen an, sondern lass dein Gefühl sprechen anstatt zu denken.

Herr Jesus Christus, erbarme dich meiner
Jesus, Sohn Davids, erbarme dich meiner
Herr Jesus Christus, erbarme dich unser
Jesus Christus, erbarme dich meiner
Jesus Christus, erbarme dich unser
Herr Jesus Christus, Sohn Gottes
Jesus, Messias, Sohn Gottes
Jesus Christus, Sohn Gottes
Herr, erbarme dich meiner
Mein Gott und mein alles
Herr, erbarme dich unser
Dein Wille geschehe
Herr Jesus Christus
Herr, erbarme dich
Komm, Herr Jesus
Jesus Erbarmen
Christe eleison
Jesus Christus
Kyrie eleison
Jesus Liebe
Maranatha
Jesus, Herr
Herr Jesus
Immanuel
Jesus, du
Christos
Adonai
Jesus
Abba

Wenn du dir ein Gebet ausgesucht hast, bleibe bei diesem Wort und tausche es nicht mehr durch ein anderes aus. Durch das häufige Wiederholen lernst du es schnell auswendig, sodass weder ein Gedankenimpuls notwendig ist noch später das Erinnerungsvermögen aktiviert werden muss, da sich erfahrungsgemäß das Gebetswort ganz von selbst beim Beten einstellt – innerlich. Inhaltlich oder theologisch sagt dir das Wort nichts Neues, daher halte es nicht fest auf der Ebene des Denkens, sondern lass es einfach in dein Herz fallen. An diesem Ort ist es zu Hause.
Noch eines ist sehr wichtig: Sprich dein Gebetswort nicht mehr aus, sonst würdest du es wieder an die grobe Oberfläche holen, die es ja gerade verlassen hat. Stell dir ein Samenkorn vor, das du in den Erdboden pflanzt in der Hoffnung, dass es reiche Frucht bringt. Du würdest es nicht mehr ausgraben, nur um zu schauen, ob und inwieweit es schon gewachsen ist. Das kleine Pflänzchen, das sich immer tiefer in den Boden verwurzeln und andererseits hervorsprießen möchte, will in Ruhe gelassen werden, da es nicht nur Zeit braucht, sondern auch den Vorgang des Aufbrechens und Wachsens ganz von selbst vollziehen muss. Störst du es dabei – vielleicht durch deine Neugier oder Ungeduld –, würdest du es zerstören. Genauso ist es mit deinem Gebetswort,

das sich mehr und mehr deinem Lebensrhythmus, deiner inneren Gangart und gewissen, dir eigenen Tiefenschwingungen anpasst, um von hier aus die dir zugedachten Wirkungen und Wandlungen zu vollziehen. Behalte es für dich, sprich es nicht mehr aus und sprich auch nicht darüber.

Lass dein Gebetswort in dein Herz hinabsteigen und kümmere dich nicht weiter darum. Erfreue dich an den Früchten, die es hervorbringt. Es bildet einen Schutzwall um dich, so dass dunkle Kräfte es immer schwerer haben, dich zu erreichen und in dich einzudringen. Dein Gebetswort strahlt durch dich hindurch Frieden aus, der auf andere übergeht; es richtet dich immer wieder neu auf den Schöpfer aus, der die Quelle allen Seins, die Liebe ist. Ungute Gedanken prallen an dir ab und werden nicht mehr zugelassen. Will dein Denken, das allzu leicht und gern nur spalten möchte, dir dein Gebetswort theologisch auslegen oder gar Zweifel an deinem diesbezüglichen Tun anmelden, so erteile deinem Denken eine Absage und sage ihm, du möchtest es als Ganzes bewahren und du hättest kein Interesse daran, es erklärt oder zerlegt zu bekommen. Wenn du dich so verhältst, darfst du sicher sein, dass dein Denken, das immer etwas tun und in Bewegung sein möchte, zur Ruhe kommt und auch dich in Ruhe lässt.

Richtiger Gebrauch des Gebetswortes

Du hast dir dein Gebetswort ausgewählt, indem du die Folge von immer kürzer werdenden Gebeten gelesen, ja, gebetet hast und dir dabei viel Zeit ließest. Aller Wahrscheinlichkeit nach wird uns das eine oder andere Gebet intuitiv entgegengekommen sein, das wir dann zu unserem eigenen Gebet gemacht haben. Geschah dies nicht, haben wir ein Gebet genommen, das uns gefällt, ohne lange darüber nachzudenken oder gar theologische oder exegetische Exkurse anzustellen. Über die Inhalte der einzelnen Gebetsanrufungen sollte auch jetzt nicht reflektiert werden. Wir wissen, dass wir uns auf einem christlichen Gebetsweg befinden und dabei den Namen Gottes anrufen – den Namen, durch den nur Heil geschehen kann.

Geschieht all das anstrengungslos und ohne jegliche Erwartung, spüren wir körperlich die Schwerkraft, die uns anzieht und seelisch-geistig die Kraft, von der Jesus im Johannesevangelium spricht: *Ich aber werde, wenn ich von der Erde erhöht bin, alle an mich ziehen* (12,32). Kommen Gedanken, die diese anziehende Kraft der Liebe Gottes unterbrechen oder gar zunichtemachen – wir sollten sie als unabdingbar hinnehmen –, kehren wir bedenkenlos zu unserem

Gebetswort zurück und wiederholen es innerlich. Während des Ruhegebetes sollten das Gebet und die dadurch eingeleitete tiefe Ruhe an der ersten Stelle stehen und kein Gedanke, kein Gefühl und keine Vorstellung. Daher geben wir der Anrufung Gottes immer den Vorrang und kümmern uns um alles andere einfach nicht.

Beim rechten Gebrauch des Ruhegebetes, das im einfachen inneren Wiederholen des kurzen Gebetes besteht, fügt der Betende von sich aus bewusst keine neuen Gedanken hinzu, sondern nimmt alles an, wie es kommt und geht.

Was geschieht, wenn der Betende sich zurückzieht und in dieser Weise das Ruhegebet aufnimmt?

- Durch das sanfte und anstrengungslose Wiederholen des Gebetes – ein geistlich-geistiger Impuls von höchster Zartheit – bleibt der Betende wach und empfindet kein Bedürfnis, einzuschlafen. Sollte jedoch sein Schlafbedürfnis nicht erfüllt sein, stellt sich ein kurzer Schlaf ein, dem er nachgeben sollte.
- Die aus einem kurzen Schriftwort bestehende Gebetsanrufung Gottes richtet den Betenden immer neu auf den Schöpfer aus und lässt somit eine bewusst gesteuerte Gedankenaktivität nicht zu.

Das Ruhegebet ist ein einfacher und hervorragender Weg zur Begegnung mit Christus und durch ihn mit dem liebenden Du des Vaters. Das Gebet hat teil am Ewigkeitscharakter des Wortes selbst, das Christus ist.

Da die Wüstenväter größten Wert darauf legten, kurz, aber mehrmals zu beten, wird empfohlen, das Ruhegebet einmal morgens und einmal abends je zwanzig Minuten lang zu beten.

Stufen des Ruhegebetes

Zunächst wird das Gebetswort mündlich einige Male ausgesprochen. Im nächsten Schritt werden wir mit dem Aussprechen immer leiser, bis wir das Gebetswort nur noch innerlich wiederholen. Dies ist die Anfangsstufe des Ruhegebetes. Ganz von selbst geht mit der Zeit das eher noch äußere Gebet in ein Gebet des Verstandes über. Der Verstand hält sich auf dieser Stufe zwar noch an die Worte des Gebetes, doch beginnt hier bereits eine Bewusstwerdung, an wen das Gebet gerichtet ist. Aus dem mündlichen Beten wird ein geistiges. Die Ausübung des Ruhegebetes, die im inneren sanften Wiederholen des

Gebetswortes besteht, wirkt nicht nur beruhigend auf unseren Verstand und unser Denken, sondern hat auch einen Einfluss auf die Ausrichtung der Gedanken. Ihrer Natur nach sind sie auf alle möglichen Dinge gerichtet, wandern von hier nach dort, wobei eine gewisse Zerstreuung nicht ausbleibt. Im Ruhegebet geschieht das Gegenteil: Die Gedanken und der Verstand erfahren Sammlung. Der Verstand verweilt wie in einem Haus, da er sich an die Worte des Gebetes hält, die Verstand und Gedanken immer wieder durch die Anrufung des göttlichen Namens auf den Herrn ausrichten.

Unser Geist ist unruhig und oft regelrecht zerrissen, hin und her geworfen wie ein Schiff auf dem stürmischen Meer, das hier infolge der Gewalt der Wellen und Wogen keinen Ort der Ruhe finden kann. So wird auch der Verstand von der Bewegung aller möglichen Gedanken bestürmt und kann nicht zur Ruhe kommen, solange ihm nicht der eigentliche Ort der Ruhe zugänglich ist.

Kommt alle zu mir, sagt Jesus, *die ihr mühselig und beladen seid; ich will euch Ruhe verschaffen* (Matthäus 11,28). Ja, Jesus selbst ist dieser Ort der Ruhe, der sichere Hafen für unsere Seele. *Lernt von mir*, so fährt er fort, *denn ich bin sanftmütig und demütig von Herzen und ihr werdet Ruhe finden für euere See-*

len (Matthäus 11,29). Das Ruhegebet ist nichts anderes, als immer wieder den inneren Blick auf Christus zu richten, den absoluten Ort der Ruhe inmitten der sich ständig verändernden Welt.

Nach und nach geht das Gebet des Verstandes durch die Barmherzigkeit Gottes in das Gebet des Herzens über. Zuerst sind es nur kurze Augenblicke, in denen wir spüren, dass wir all unser Wollen in die Hände Gottes gelegt haben und sein Wille an uns geschieht. Das Wesen Gottes strömt ein in unser Herz und wir sind erfüllt von seiner Liebe. Dieser Zustand ist ein sehr begnadeter. Anfänglich ist er jedoch von so kurzer Dauer, dass wir ihn oft gar nicht wahrnehmen. Es bleibt eine Sehnsucht im Betenden zurück, sich durch die Erfahrung tiefer werdender Ruhe erneut in die Nähe und Liebe Gottes fallen zu lassen.

Unserer Seele ist etwas vom Wesen Gottes eingeprägt, und sie hat das unbändige Verlangen, sich mit dem Wesen Gottes zu vereinen. Das Ruhegebet kommt dieser Sehnsucht entgegen, indem es zunächst alle Hindernisse auf dem Weg der Vereinigung mit Gott ausräumt, uns dem göttlichen Wesen näherbringt, vor allem aber unser Herz für die uns entgegenkommende Liebe Gottes öffnet. Wir empfangen das göttliche Licht, die Liebe Gottes in Fülle, sodass wir einmal einen Zustand erreichen, in dem wir in Gott bleiben und Gott in uns.

Zunächst kann man beim Ruhegebet von einer geistlichen Gebetsübung sprechen, durch die sich der Betende auf Gott hin ausrichtet und durch die Gott innerlich gegenwärtig werden kann. Bei der Einübung in das Ruhegebet erhält der Betende ein Erinnerungsmittel oder eine Methode, die es erlaubt, Gott im Herzen tiefgreifender und im Geist bewusster zu empfangen. Durch das Mittel der Erinnerung kehrt der Betende immer wieder zu Gott zurück, wenn er merkt, dass er sich in Gedanken befindet, zerstreut und abgelenkt ist.

Ist einmal durch das Ruhegebet eine geistliche Tiefendimension erreicht, müssen wir damit rechnen, dass wir uns plötzlich in ganz profanen Gedanken wiederfinden. Es erhebt sich die berechtigte Frage: Wie kann man wieder ohne großen Aufwand und ohne Anstrengung in die tiefe Ruhe eintauchen? Durch die sanfte innere Wiederholung unseres individuellen Ruhegebetes rufen wir unseren unruhigen Geist von seinem Umherschweifen zurück. Ohne das Ruhegebet und die dazugehörige rechte Anwendung geschieht es, dass wir durch viele Gedanken hierhin und dorthin gelenkt werden und somit an der Oberfläche bleiben, anstatt uns in die Tiefe zu versenken.

Anrufung Gottes

Selbst wenn wir vor dem Ruhegebet mit dem Herzens- oder Jesusgebet vertraut waren – vorausgesetzt es besteht keine Identität mit dem Ruhegebet–, sollten wir mit dem Ruhegebet einen neuen Anfang setzen und uns „unser“ Gebetswort neu wählen. Dass man dann das neu gewählte Wort weder laut ausspricht noch gegen ein anderes wechselt, dürfte selbstverständlich sein.

Da sich gerade zu Beginn des Ruhegebetes leicht Fehler einschleichen, die nach längerem Beten nur schwer auszumerzen sind, kann der rechte Ablauf des Ruhegebetes nicht oft genug betont werden. Der Betende sucht sich einen ruhigen Platz, verändert vielleicht noch einmal seine Sitzposition, um nicht eingeengt oder verkrampft zu sitzen, und schließt dann die Augen. Nach ein bis zwei Minuten nimmt er, wenn es nicht bereits von selbst gekommen ist, sein Gebetswort auf und wiederholt es innerlich – leicht und sanft, ohne jegliche Anstrengung und Erwartung. Da das Ruhegebet eine Anrufung Gottes zum Inhalt hat, beginnt bereits beim ersten inneren Aussprechen das eigentliche Gebet, das dann immer feinere Formen annimmt, bis es dem tiefen Schweigen vor Gott oder aufkommenden Gedanken Platz macht.

Viele meinen, sogenannte störende Gedanken bewusst vertreiben zu müssen. Das ist während des Ruhegebetes falsch. In diesem Hingabegebet greifen wir in gar nichts ein, sondern kehren ganz einfach zu unserem Gebetswort zurück, wenn wir merken, dass wir es innerlich nicht wiederholen. Damit erteilen wir den uns eventuell beherrschenden Gedanken und Vorstellungen eine Absage. Wenn wir somit dem Gebetswort den Vorrang geben, werden sie von selbst schwinden.

Keinesfalls konzentrieren wir uns auf das Gebetswort, sondern lassen es ziehen, wenn es weggleiten möchte. Entweder hat uns das Ruhegebet in ein tiefes Schweigen vor Gott geführt, zum Ziel des Weges, oder wir finden uns in Gedanken wieder. Die Gedanken zeigen uns an, dass die Ruhe im Gebet einen ungelösten Eindruck in uns zum Ausdruck bringt und damit den Weg zu einer größeren Innerlichkeit frei macht. Lassen wir uns also nicht durch die aufkommende vorübergehende Unruhe stören, sondern seien wir dankbar für diesen Ablösungsprozess.

Sehr wichtig ist es, dass wir uns nicht um die ganz von selbst in uns aufkommenden und vorbeiziehenden Gedanken kümmern, sondern ohne Anstrengung und Erwartung unser Gebetswort wieder aufnehmen, um es innerlich zu wiederholen. Das

Gebetswort hat die Aufgabe, mit ihm den Schöpfer anzurufen und uns somit immer neu auf Gott auszurichten. Dadurch bleiben wir wach und im Gebet – selbst wenn vorübergehend Gedanken wie Wolken vor der Sonne an uns vorüberziehen. Durch das sanfte Wiederholen des Gebetswortes werden wir vor eigener bewusster Gedankenaktivität bewahrt, ebenso vor dem Einschlafen und vor Träumereien und Grübeleien.

Beim Ruhegebet geht es um etwas, das mit dem Flügelschlag eines Vogels verglichen werden kann, der sich in die Lüfte erhebt. Hat er eine bestimmte Höhe erreicht, gleitet er in seinem Flug dahin, ohne erneut seine Schwingen zu bewegen. In dieser und mit dieser Ruhe geht auch das getragene Beten vor sich oder besser: Es sollte zugelassen werden. So beginnt auch das Ruhegebet mit einem kleinen geistlichen Impuls, bis es von selbst zu schwingen beginnt. Dabei wird das Gebet immer leiser, einfacher, tiefer, wahrhaftiger und hingebungsvoller.

Das Ruhegebet schafft die bestmögliche Voraussetzung für die bewusst wahrnehmbare Gegenwart Gottes im Menschen. Indem sich der Betende hingebend öffnet, schenkt ihm Gott seine liebende und alles erfüllende Nähe, die der Mensch weder durch Wollen noch durch Üben erreichen kann. Wem einmal diese gnadenhafte Erfahrung geschenkt wurde, der spürt den Wunsch und die Sehnsucht, dass Gottes Gegenwart ihn niemals mehr verlassen möge. Da wir der Erinnerung bedürfen an das, was Gottes Liebe getan hat und ständig neu im menschlichen Herzen und der gesamten Schöpfung bewirkt, richten wir uns im Gebet immer wieder auf Gott aus und öffnen uns so seinem liebenden Entgegenkommen. Eines sollten wir wissen, bevor wir mit dem Ruhegebet beginnen: Dieses Gebet kann letztlich nicht durch methodische Übung erlernt werden. Das Ruhegebet ist ein Gebet, bei dem das Ganze unseres persönlichen und christlichen Seins als Wurzelboden mitschwingen muss. Selbst technische Vollkommenheit ist immer noch kein Beten, sondern eine Art Täuschung.

Das Geheimnis des Gebetswortes

Diese Worte, die ich dir heute vorschreibe, sollen in deinem Herzen bleiben! (Deuteronomium 6,6) Das, was Mose hier von den Geboten Gottes sagt, gilt auch für das Ruhegebet. Durch die häufige innere Wiederholung wird die Schwingung des Gebetswortes allmählich zur Schwingung des Betenden selbst.

Das Gebet wird zu unserem eigenen ganz persönlichen Gebet, denn es verwurzelt sich mit der Zeit des Übens in tiefen Bereichen unserer Innerlichkeit. Es sollte daher weder laut ausgesprochen noch gegen ein anderes Wort ausgewechselt werden.

Es gibt Menschen, die meinen, sich ein anderes Gebetswort aussuchen zu müssen, weil sie angeblich zu wenige Fortschritte auf ihrem Gebetsweg machen. Das ist eine irrige Ansicht. Wir sollten ein für alle Mal bei dem für uns bestimmten oder von uns selbst ausgesuchten Gebetswort bleiben und es nicht mehr aussprechen.

In aller Deutlichkeit erteilen die Väter immer wieder diesen Hinweis. Sie vergleichen – wie schon erwähnt – das Gebetswort mit einem Samenkorn, das in die Erde hineingelegt wird, um Frucht zu bringen. Der nicht von außen sichtbare Wachstumsvorgang beinhaltet ein Sterben des Samenkornes; es bricht auf, um neues Leben hervorzubringen: Die Wurzeln wachsen in die Tiefe der Erde und die junge Pflanze, die grünen, blühen und fruchten möchte, wächst aus der Erde zum Himmel empor. Ähnlich geschieht es auch mit dem Wort im Ruhegebet: Es bricht in der Stille auf, um sich einerseits in der nicht sichtbaren jenseitigen Welt zu verwurzeln und andererseits, um in der sichtbaren Welt Früchte zu tragen.

Gräbt man das Samenkorn aus, um nachzuschauen, ob und inwieweit es gewachsen ist, wird man es zerstören. Auch Bäume, die zu oft umgepflanzt werden, fassen keinen Boden mehr und verdorren. So ergeht es auch dem Wort im Ruhegebet: Spricht man es aus, so wird es aus der Tiefe entwurzelt und wieder an die grobe Oberfläche geholt. Damit verliert es sein inneres Geheimnis und seine Wirksamkeit. Wenn man es im Ruhegebet einmal verinnerlicht hat, sollte man sein Gebetswort weder aussprechen noch gegen ein anderes auswechseln. *Prägt also diese meine Worte euerem Herzen und euerer Seele ein* (Deuteronomium 11,18a).

Wenn sich das Gebetswort verändert

Es ist ein Zeichen rechter Anwendung des Ruhegebetes, wenn es sich während der Gebetszeit verändert. Damit ist allerdings nicht gemeint, dass es sich in ein anderes Gebetswort wandelt. Indem ich mich nicht auf mein Gebetswort konzentriere, es festhalte oder es gar in einem gleichbleibenden Rhythmus wiederhole, gebe ich ihm die Möglichkeit der Veränderung. Wie den von selbst aufkommenden Gedanken, so lasse ich auch meinem Gebet freien Lauf. Wenn Gedanken, Bilder oder Vorstellungen das Gebet verdrängt haben und mir dieses bewusst wird, kehre ich zum Gebetswort zurück und gebe ihm den Vorrang. Vielleicht ist es jetzt von anderer Qualität als vorher: leiser, sanfter, zarter, feinfühliger. Es kann uns aber genauso gut auch lauter, energischer, vordergründiger oder strenger erscheinen. All diese Veränderungen des Gebetswortes zeigen, dass wir es nicht krampfhaft festhalten oder wir uns gar an ihm festhalten, sondern ihm im Zuge der Hingabe freien Lauf lassen. Bemerken wir jedoch, dass wir es nicht präsent haben, kommen wir darauf zurück, es innerlich einfach und sanft zu wiederholen.

Höchst begnadete Augenblicke, in denen kein Gedanke, aber auch das Gebetswort nicht in uns präsent sind, nehmen wir in der Regel erst wahr, wenn sie vorüber sind. Dieses Ziel des Ruhegebetes kann uns allerdings nur geschenkt werden, wenn wir bereit sind, uns während der Gebetszeit ganz hinzugeben – und dazu gehört nicht nur die Veränderung unseres Gebetswortes, sondern auch, dass wir sein Schwinden zulassen.

Das Ruhegebet beginnen und beenden

Vor dem Ruhegebet sollte man weder körperlich noch geistig große Unternehmungen starten, sondern – wenn es eben möglich ist – sich ein wenig Ruhe gönnen. Auf diese Weise tragen wir nicht so viel Unruhe und keine neuen Eindrücke mit in unser Gebet. Wir setzen uns bequem hin, machen ein Kreuzzeichen und schließen die Augen. Wenn wir noch einmal die Augen öffnen und unsere Sitzposition verändern, ist das in Ordnung. Dann schließen wir wieder die Augen, und nachdem wir etwas tiefer eingeatmet haben, atmen wir lange aus und lösen uns nach einigen Atemzügen von der bewussten Atemführung im Wissen, dass es ganz von selbst in uns atmet wie es auch einmal ganz von selbst in uns beten wird. Wenn das Gebetswort sich nicht von selbst einstellt, nehmen wir es ganz leicht und einfach auf, so wie ein leiser Hauch eines Gedankens.

Nach anfänglichen Hilfen durch eine Uhr entwickelt der Betende ein Gespür für die gewohnte Gebetszeit und kommt ganz von selbst zur rechten Zeit aus dem Ruhegebet. Er braucht keine Sorge zu haben, dass er das Ruhegebet überzieht. Wie ein Fahrzeug, das rückwärts fährt, nicht unmittelbar vorwärts fahren kann, sondern erst zum Stillstand gebracht werden muss, so verhält sich der Betende auch im Ruhegebet. Er wiederholt innerlich sein Gebetswort nicht mehr, lässt die Augen aber noch geschlossen. Wie das Gebet mit einem Kreuzzeichen und einigen Minuten Ruhe begonnen wird, so beenden wir es auch. Wir nehmen die Atmung tiefer in uns hinein und lassen es zu, wenn sich beim Einatmen die Bauchdecke hebt und sie sich beim Ausatmen senkt. Wir kommen vom Schweigen wieder langsam in die Aktivität. Der Weg führt vom Berühren des Unbegrenzten zurück zu unserem begrenzten Bewusstsein, vom Nicht-Denken zum Denken, von der tiefen Ruhe für Körper, Geist und Seele zur inneren Bewegtheit und dann zur äußeren Bewegung, von geschlossenen Augen zu geöffneten und vom Sitzen über das Stehen zum Gehen.

Hingabe

Das Ruhegebet wird auch *Gebet der Hingabe* genannt. Durch die sanfte innere Wiederholung des Gebetswortes tritt – nachdem im Wege Stehendes ausgeräumt ist – für Körper, Geist und Seele eine wohltuende Ruhe ein. Auf diesem Weg nach innen gibt es für den Betenden Phasen, in denen keine Gedanken aufsteigen und er auch sein Gebetswort innerlich nicht wiederholt. Er erfährt, dass dieses tiefe Schweigen vor Gott sich ihm ohne jegliche Anstrengung schenkt. Niemand erwartet etwas von ihm und er muss nichts leisten.

Um diesen Weg der Hingabe zu gehen, sind weder ein Tun noch die Schärfe des Verstandes und des Denkens notwendig. Der Betende nimmt innerlich sein Gebetswort auf und richtet sich damit ganz auf Gott aus, der jetzt zum Mittelpunkt des Gebetes wird. Diese leise Aktivität ist vorerst noch erforderlich, um nicht einzuschlafen oder in Tagträumereien zu fallen. Die Aufgabe jeglichen Tuns und Denkens, aller in uns aufsteigender Bilder und Gedanken, ja, sogar der Gottesvorstellung können wir Selbsthingabe nennen. Das, was wir sind und haben, opfern wir dem Herrn – gleich Abraham, der das Liebste, was er auf der Welt besaß, Isaak, seinen einzigen Sohn, Gott hingab. Dieses Loslassen vor Gott ist innerlich zu verstehen. Es geschieht, ohne bestimmte Erwartungen zu haben, in dem Bewusstsein, dass Gott unsere Opfergabe annimmt und wir eine neue Gabe von ihm erhalten, die um ein Vielfaches größer und reicher ist. Durch Hingabe werden wir zu Empfangenden einer Gabe, die Gott uns jetzt zur Aufgabe gibt, um auch andere Menschen an der sich selbstverschenkenden Liebe Gottes teilhaben zu lassen. Nur durch Aufopferung all dessen, was uns am liebsten ist, und durch Hingabe unseres Seins mit all seinen individuellen Ausformungen können uns die Gnade und der Wille Gottes am besten erreichen und uns wandeln. Wir machen durch Hingabe im Ruhegebet die wunderbare Erfahrung, dass sowohl unser inneres als auch unser äußeres Leben mit weitaus Größerem bereichert wird als das, was wir hingegeben haben.

Prüfen der rechten Praxis

Was die Erfahrung lehrt

Wenn möglich, sollte regelmäßig und zu festgesetzten Zeiten das Ruhegebet zweimal täglich jeweils zwanzig Minuten in einem ruhigen geschlossenen Raum gebetet werden.

- Ein geistlicher Begleiter ist von großem Wert, um ihn bei Unsicherheit und aufkommenden Fragen ansprechen zu können. Er kann die rechte Vorgehensweise bestätigen oder den Gebetsweg korrigieren.
- Es wird empfohlen, vor dem Gebet den Mund auszuspülen und das Notwendige zu verrichten.
- Durch das Kreuzzeichen vor und nach dem Ruhegebet spricht der Betende Gott als Vater, als Sohn und als Heiligen Geist an und lenkt seine Aufmerksamkeit auf Himmlisches.
- Beim Morgengebet gibt der Betende alle Dumpfheit der Nacht ab. Ebenso legt er alle Gedanken und Gefühle, die sich auf den bevorstehenden Tag beziehen, in die Hände Gottes.
- Beim Abendgebet lässt der Betende alle Gedanken an den vergangenen Tag los. Er weiß, dass Eindrücke, die in ihm aufsteigen, sich ausdrücken müssen und lässt sie zu, um offen für die Gnade Gottes zu werden.

- Selbst wenn es anfangs den Anschein hat, so betet man das Ruhegebet nicht für sich allein. Alle, die uns nahe stehen und für die wir Verantwortung mittragen, erfahren Bereicherung durch unser individuelles Gebet.
- Gerade durch das Ruhegebet können wir einem Kranken beistehen, ihm Ruhe vermitteln und spüren, was er zu seinem Heil am nötigsten braucht.
- Ein Sterbender wird durch das Ruhegebet leichter loslassen können, um den Weg in die kommende Welt zu finden.
- Ist nicht jedes Ruhegebet ein Sterben in Gott, um mit Jesus Christus wieder aufzuerstehen?

Rechte Zeit und rechtes Maß

Die Investitionen beim Ruhegebet bestehen lediglich darin, sich zweimal am Tag Zeit für das Gebet zu nehmen. Alles andere fließt von selbst, wenn wir den rechten Einstiegswinkel, unser persönliches Gebetswort, gewählt haben. Selbst wenn zunächst die Aussaat den Bestand an Saatgut eines Landwirtes um ein Beträchtliches schmälert, so vertraut er die Aussaat

doch gern der Erde an, da er genau weiß, dass er bei der Ernte ein Vielfaches von dem, was er eingesetzt hat, zurückerwarten darf.
Wenn die Zeit für das Gebet gekommen ist, fällt es manchmal schwer, alles andere loszulassen, um sich ganz dem Einen, Gott, hinzugeben. Ebenso kann es auch umgekehrt sein: dass jemand nach Ablauf der Zeit liebend gern in seinem Ruhegebet bleiben möchte. Wenn die Zeit jedoch beendet ist, warten andere Aufgaben auf uns, die es dann zu erfüllen gilt. Haben wir einmal damit begonnen, unserem Leben durch das Ruhegebet einen religiösen Sinn und eine Richtung zu geben, sollten wir uns unbedingt an die Vorgaben halten. Dann fällt alles, was diesen Sinn vertieft und noch sinnvoller macht, leicht.

Körperhaltung und Himmelsrichtung

Die Haltung: Der Körper spiegelt die besondere Beschaffenheit der Seele während des Betens wider. Während des Ruhegebetes wird zunächst eine angenehme unverkrampfte Sitzhaltung eingenommen. Da man sich im Ruhegebet weder äußerlich noch innerlich zu etwas zwingt, überlassen wir auch die

Haltung sich selbst. Es kann sein, dass man anfangs ein wenig zusammensinkt, sich dann aber nach kurzer Zeit von selbst aufrichtet, um freier zu atmen und bequemer zu sitzen. Allmählich entwickelt sich selbstständig für Wirbelsäule und Kopf die aufrechte Haltung, die man auch die königliche Haltung nennt.

Es gibt Menschen, die sich gern auf den Boden setzen, um mit der Erde engen Kontakt aufnehmen zu können (vgl. Matthäus 26,39). Eine Verneigung oder Kniebeuge, die dem Ruhegebet vorausgehen kann, bezeugt, dass wir Gott, den wir als den Höchsten anerkennen, um Vergebung bitten und dass er uns Heilung und Heil schenken möge.

Die Himmelsrichtung: Die geografische Ausrichtung beim Beten hat einen unterstützenden Einfluss. Wegen des Sonnenaufgangs und des Sonnenuntergangs kommen dem Osten und dem Westen eine besondere Bedeutung zu. Beim morgendlichen Ruhegebet sollten wir uns dem Osten zuwenden und die Seele dorthin schauen lassen, wo der Aufgang des wahren Lichtes ist (vgl. Johannes 1,9; Lukas 1,78). Das wahre Licht und die wahre Sonne ist Christus, der die Seele erleuchtet.

Gegen Abend beten wir das Ruhegebet dem Westen und damit dem Sonnenuntergang zugewandt. Der Tag verabschiedet sich und wir legen im Ruhegebet alles in die Hände Gottes – freudig erwartend, dass am nächsten Morgen für uns und alle wieder die Sonne aufgehen möge.

Anzeichen für die rechte Ausübung des Ruhegebetes

Der Betende stellt in der Regel Veränderungen fest, die durch das Gebet ausgelöst werden. Es ist wichtig für ihn, darüber zu sprechen und, wenn möglich, eine Erklärung zu finden. Für den geistlichen Lehrer reichen ein oder zwei Kriterien, um festzustellen, ob der Betende wirklich den Anweisungen zum Ruhegebet folgt. Es kommt jedoch auch vor, dass jemand vorerst keine dieser Anzeichen rechten Betens bei sich erfährt. Er sollte aus diesem Grund das Ruhegebet nicht aufgeben, sondern ohne jegliche Erwartung weiter machen. Die eine oder andere spürbare Veränderung wird sich nach einigem Üben unweigerlich einstellen:

- Der Betende spürt eine tiefe und wohltuende Entspannung, die sich zunächst im körperlichen Bereich zeigt und später auch die Psyche einschließt.

- Arme und Beine werden schwer; ein inneres Gefühl von Leichtigkeit ist damit verbunden.
- Das Zeitgefühl verändert sich. In der Regel wird die Gebetszeit als sehr kurz empfunden und man kann sich kaum vorstellen, dass sie schon vorüber ist. Das Gegenteil kann aber auch vorübergehend eintreten: Die Gebetszeit will nicht enden und man wird ungeduldig. Die Anweisung besteht darin, weder die Gebetszeit zu verlängern noch sie zu verkürzen. Beim nächsten Ruhegebet kann die subjektive Empfindung wieder eine ganz andere sein.
- Auch das Raumgefühl kann sich dahin gehend verändern, dass sich der Raum weitet, bis er eventuell keine Grenzen mehr aufweist. Von einer beklemmenden Einengung durch das Ruhegebet hat bisher niemand gesprochen.
- Die Schwerkraft, durch die der Körper zur Erde gezogen wird, erlebt der Betende als angenehm. Oft ist damit innerlich eine Aufrichtekraft verbunden, ein Strömen die Wirbelsäule aufwärts, das Begrenzungen aufbricht und mit einem eher schwebenden Gefühl verbunden ist.
- Gedanken werden nicht bewusst gesteuert, sondern kommen und gehen ganz von selbst wie Wolken, die vor der Sonne herziehen. Ebenso

geschieht dies mit Bildern, Gefühlen und bestimmten Empfindungen. Der Betende nimmt all das zwar kurzfristig wahr, kümmert sich aber um rein gar nichts, sondern gibt der inneren Wiederholung des Gebetswortes den Vorrang.

- Freude erfüllt den Betenden, wenn er wahrnimmt, dass er nichts leisten muss und trotzdem mit ihm etwas ganz Wesentliches geschieht.
- Durch Zurücknahme des eigenen Willens gerät anstrengungslos etwas ins Fließen, das bisher vom Betenden in dieser Weise noch nicht erfahren wurde.
- Die Gesichtszüge entspannen sich, und während sich der Mund öffnet, gibt der Betende seine Verbissenheit beim Loslassen des Unterkiefers ab.
- Ein einfaches, angenehmes Gefühl von Schwerelosigkeit stellt sich für Körper und Geist ein.
- Durch die sanfte Wiederholung des Gebetswortes oder während der Zeit ohne Gebetswort und ohne Gedanken erfährt der Betende eine große, ihn ganz erfüllende innere Wachheit.
- Wichtig ist es beim Üben des Ruhegebetes, dass der Gebetsvorgang mühelos, leicht und ohne jegliche Anstrengung und Konzentration abläuft.

- Ein Wohlgefühl stellt sich ein, das mit einer erhöhten Aufmerksamkeit verbunden ist – man darf es auch als Aufmerken auf Gott bezeichnen.
- Ein weiteres Kriterium für die rechte Anwendung des Ruhegebetes besteht darin, dass das Gebetswort lauter oder leiser wird, sich gröber oder sanfter „anfühlt" oder gar gänzlich schwindet – entweder durch selbst aufkommende Gedanken vertrieben wird oder einem wahren Schweigen vor Gott Platz macht.
- Der Betende kommt im Ruhegebet mit wenigen Atemzügen aus, das heißt, seine Atemaktivität verringert sich. Der Atem wird langsamer und flacher, was ein plötzlicher tiefer Atemzug während des Betens beweist.
- Wenn sich mehr oder gar viel Speichel im Mund bildet, zeigt dies, dass die innere Sekretion durch das Ruhegebet zunimmt: ein Heilungsprozess. Der Betende sollte dies wissen und es mit einem Schlucken beantworten.
- Häufig sinkt der Kopf nach vorn und Schläfrigkeit stellt sich ein. Der Betende sollte dem nachgeben im Wissen, dass dieser Schlaf ein sehr kurzer, aber ein tief erholsamer für ihn ist.
- Der Betende steht mit großer Wachheit und Tatendrang vom Ruhegebet auf und freut sich

darauf, wenn die Zeit gekommen ist, sich erneut zum Ruhegebet hinsetzen zu dürfen.

Obwohl die Anwendung des Ruhegebetes gleich bleibt, so sind doch die Erfahrungen von Mensch zu Mensch und von Mal zu Mal unterschiedlich. Ein im Ruhegebet Erfahrener und Gott naher Lehrer unterstützt oder korrigiert das Gebet.

Konzentration, Betrachtung und Ruhegebet

Die Erfahrung unseres gewöhnlichen Betens lehrt uns, dass der Geist immer in Bewegung und in einer gewissen Unruhe ist, hin und her schwankt und immer wieder vom eigentlichen Beten abgleitet. Erinnerungen oder in die Zukunft gerichtete Erwägungen sind es, die das augenblickliche Gebet unterbrechen und es mehr oder weniger verdrängen.
Infolge einer Überfülle verschiedenster Einflüsse oder Probleme, starkem Zeit- und Leistungsdruck fällt es unserem Geist meist schwer, bei nur einer Sache zu bleiben. Von Natur aus möchte er sich in angenehmen und schönen Situationen aufhalten, in

die er immer wieder gern flüchtet. Konzentration, das heißt, den Geist auf nur einen bestimmten Inhalt oder gar Punkt zu richten und Störfaktoren auszuschalten, ist auf die Dauer anstrengend und schwer durchzuhalten.

Die Betrachtung ist im Gegensatz zur Konzentration vom Willensaufwand her wesentlich einfacher. Sie ist wie ein Aufbruch, geleitet durch eine uns tief eingestiftete Sehnsucht, und ein Suchen, ein Vorstellen und Erwägen der Wahrheit. Aber auch auf diesem Weg und in dieser Bewegung kann es bereits nach kurzer Zeit zur Ermüdung oder gar Langeweile kommen.

Das Ruhegebet hingegen verlangt keine Aktivität des Betenden, sondern einfach nur Hingabe. Es führt auf sehr einfache, anstrengungslose, direkte und schnelle Weise zum Ziel des Weges und zum Endzweck jeder Handlung. Das Ziel und die Frucht des Ruhegebetes liegen vorerst in der Ruhe für Körper, Geist und Seele. Das Endziel jedoch ist ein ununterbrochenes Empfangen der Liebe Gottes und eine Gottverbundenheit, die den Betenden auch außerhalb des Gebetes nicht mehr verlässt.

Diesem Endziel nähern wir uns durch kontinuierliches Beten des Ruhegebetes. Mit der gleichen Leichtigkeit, mit der Gedanken kommen und gehen, nimmt der Betende sein Gebetswort auf. Es ist, als ob er in ein Fahrzeug einsteigt, das ganz von selbst einen nach innen gerichteten Weg einschlägt. Wie ein Gegenstand im freien Fall der Schwerkraft unterliegt und von der Erdmitte angezogen wird, so erfährt die menschliche Seele eine Anziehung durch die Liebe Jesu Christi zu uns Menschen. *Ich aber werde, wenn ich von der Erde erhöht bin, alle an mich ziehen* (Johannes 12,32).

Sich in Gott fallen lassen ...

Da es beim Ruhegebet nicht um Konzentration geht, muss es langsam eingeübt werden. Die vom geistlichen Begleiter angegebene Gebetszeit sollte eingehalten und eher kürzer als zu lange gebetet werden. Es ist jedoch darauf zu achten, dass täglich regelmäßig gebetet wird. Viele Menschen haben gelernt, sich beim Beten zu konzentrieren und sich bildlich das vorzustellen, was sie gerade beten. Dabei setzen sie ihre Gedanken und Vorstellungskräfte ein.
Das Ruhegebet geht einen anderen Weg, indem es ohne Konzentration der Sehnsucht der Seele folgt, in das Geheimnis des Glaubens und das Geheimnis

Gottes einzutauchen. Nicht bestimmte Gedanken, Vorsätze oder Gaben übergibt der Betende dem Schöpfer, sondern sich selbst – wissend, dass Gott den Menschen erneuert. Er tritt durch die Anrufung des Herrn vor Gott in der Gewissheit, dass Gott seine Seele von aller Dunkelheit befreit, sein Herz entlastet und ihn von der Mitte seiner Existenz her neu schafft.

Indem der Betende sich in Gott fallen lässt und sich ihm damit lebenswahrhaftig anvertraut, geschieht etwas überaus Wesentliches und Großes, das von Gott ausgeht und worauf der Mensch keinen Einfluss hat: Gott wendet sich dem Menschen zu; und wenn er gefallen ist, wird er von der liebenden Barmherzigkeit Gottes aufgefordert, wieder aufzustehen. Das Ruhegebet bereitet auf wunderbare Weise die Voraussetzungen für diese Begegnung. Durch die tiefer werdende Ruhe, die mit der Anrufung des Namens Gottes einhergeht, wird der Weg zu Gott von allen Hindernissen befreit und dem Betenden leuchtet etwas ein, das ein Gnadengeschenk Gottes an den Menschen ist.

Da der Betende sich nicht konzentriert auf einen Punkt ausrichtet und an ihm festhält, sondern sich durch Hingabe bedenkenlos Gott öffnet, kann Gott durch seine unendliche Güte, Menschenfreundlichkeit und Barmherzigkeit den Menschen von Grund auf in seinem Inneren erneuern. Das Geheimnis des Glaubens wird Wirklichkeit, indem Wandlung geschieht.

Bereitung zum Ruhegebet

- In der Zeit unmittelbar vor unserem Beten sollten wir möglichst keine neuen Eindrücke mehr aufnehmen. Das Gebet wird von dem inneren Zustand, in dem wir uns vor dem Beten befanden, mitgeprägt.
- Ein stiller Raum unterstützt die innere Ruhe. Wir beten im Sitzen und mit geschlossenen Augen. Weder kontrollieren wir unsere Sitzhaltung noch unseren Atem.
- Bevor wir mit dem Gebet beginnen, nehmen wir ungefähr zwei bis drei Minuten Stille auf. In der Regel stellt sich dann das Gebetswort ganz von selbst ein.
- Wir müssen uns immer wieder bewusst sein, dass das Ruhegebet ein Gebet der Hingabe ist, also keine Leistung von uns fordert, sondern sich bedenken- und anstrengungslos in uns von

selbst vollzieht. Der einzige zarte Impuls, den wir geben, besteht darin, zu unserem Gebetswort zurückzukehren, wenn wir bemerken, dass es uns innerlich nicht präsent ist.

- Die Erfahrungen, die der Betende im Ruhegebet macht, können nicht subjektiv beurteilt werden. Sie sind von Mal zu Mal verschieden und wirken in menschliche Tiefen hinein, in denen eine Wahrnehmung nicht mehr möglich ist.
- Nur die Praxis des Ruhegebetes reicht in der Regel nicht aus, um auf dem geistlichen Weg die Fortschritte zu machen, die uns möglich sind. Es muss ein entsprechendes Wissen hinzukommen, das die Erfahrungen erklärt und den Erfolg des Betens umso tiefer im Bewusstsein verwurzelt.
- Nur um die Entstehung und Geschichte des Ruhegebetes zu wissen, ohne es anzuwenden, ist einseitig und bleibt ohne Auswirkung.
- Da wir dazu neigen, zu vergessen, und allzu leicht Fehler durch ein willentliches Eingreifen auftreten, sollten wir von Zeit zu Zeit ein Gespräch mit einem Lehrer über das Ruhegebet führen oder in der Literatur die entsprechenden Passagen nachlesen.

Neue Eindrücke meiden

Bevor wir uns zum Ruhegebet hinsetzen, können wir einige Hinweise befolgen, die uns schneller zu der ersehnten Ruhe für Körper, Geist und Seele führen. Körperlich das Notwendige zu verrichten, ist immer Voraussetzung. Dringliche Aufgaben oder Arbeiten sollten getan sein, selbst wenn wir dadurch unsere gewohnte Gebetszeit verschieben. Wenn eben möglich, gilt es natürlich dummes Geschwätz und Reden über andere generell zu meiden – vornehmlich vor dem Ruhegebet. Ebenso sollten wir auch keine neuen Denkinhalte in uns aufnehmen, weder lesen noch mit anderen diskutieren. Je leichter und unbelasteter wir einsteigen, umso schneller weitet sich unser Bewusstsein, und unsere Innerlichkeit kann sich öffnen und erheben.
Was wir unmittelbar vor dem Gebet in uns aufnehmen, steigt während des Betens in uns wieder auf und schwebt uns vor. Es werden schon ganz von selbst genügend Gedanken und Gefühle in uns aufsteigen, die auf frühere ungelöste Eindrücke zurückzuführen sind. Vermeiden wir unmittelbar vor dem Gebet alles, von dem wir uns wünschen, dass es unser Gebet nicht stört. Können wir uns in einen ruhigen Raum zurückziehen, so ist dies anfänglich äußerst unterstützend für unsere Sammlung zur inneren Ruhe.

Was uns und besonders unseren Geist vor dem Ruhegebet beeindruckt, steigt in uns wieder hoch, wenn wir uns zum Beten hinsetzen. Wir sollten – wenn es uns eben möglich ist – also in etwa die Verfassung, in der wir uns beim Beten befinden wollen, schon vor der Gebetszeit bereiten. Denn das Gebet wird von dem inneren Zustand, in dem wir uns vor dem Beten befanden, mitgeprägt. Wenn wir mit dem Ruhegebet ganz unvorbereitet beginnen, wird vieles, was wir vorher gefühlt, geredet, getan oder unterlassen haben, in uns lebendig und hält uns vorübergehend gefangen. Unmittelbar vor dem Ruhegebet sollten wir daher keine neuen Eindrücke aufnehmen und uns möglichst innerlich und äußerlich still verhalten.

Körperliche Voraussetzungen

Einerseits darf unser Geist durch Fasten und Enthaltung nicht derart erschöpft sein, dass er seine Spannkraft, Wachheit und Aufmerksamkeit verliert; andererseits darf er aber auch nicht durch übermäßige Sättigung beschwert und dadurch träge werden. Dies gilt ganz besonders für das Ruhegebet.

Unmittelbar vor dem Ruhegebet sollten wir keine Nahrung zu uns nehmen. Während des Gebetes kommen alle Organe mehr und mehr zur Ruhe, so auch die Verdauungsorgane. Es ist ratsam, nach einem warmen Essen mindestens drei bis vier Stunden zu warten, bis das Essen verdaut ist. Tun wir es nicht, werden wir unseren Magen schwer wie Blei spüren und beim Beten nicht in die gewohnte Ruhe kommen. Mit einem gefüllten Magen ist es unmöglich, einen freien und leicht beweglichen Geist zu spüren. Es ist ratsam, die Schuhe auszuziehen, wenn wir uns zum Gebet hinsetzen, um Gottes Liebe und seine Botschaft an uns besser und sensibler zu empfangen. Mit den Schuhen legen wir auch symbolisch etwas Grobes ab, das uns hindert, auf die leise Sprache Gottes zu horchen und sie auch zu verstehen. *Da sprach er: Tritt nicht näher heran! Zieh deine Schuhe von deinen Füßen, denn der Ort, auf dem du stehst, ist heiliger Boden* (Exodus 3,5).

Der Weg wird frei

Die immer tiefer werdende Ruhe, die Körper, Geist und Seele im Ruhegebet erfahren, entspannt die entsprechend angespannten Regionen des Betenden und gibt den Weg frei für das liebende Entgegenkommen Gottes. Nicht nur körperliche Spannungen, zu denen auch die nervlichen gehören, werden gelöst, sondern auch geistige und seelische Verkrampfungen und Unstimmigkeiten. In beiden Fällen werden bislang gebundene Energien frei, die sich dann ausdrücken müssen und den Weg nach außen suchen.

Im Körperlichen zeigt sich dieser Prozess der Reinigung in Form jeglicher Art von Entspannung: tiefere Atemzüge, Gähnen, Recken und Strecken der Glieder, ungesteuerte Bewegungen, vorübergehende Schmerzen …

Wie der Körper in tiefer Ruhe all das von sich weist, was nicht zu ihm gehört und was ihn belastet, so reagieren auf feineren Ebenen auch Geist und Seele. Wenn sie Spannungen freigeben, drücken sich diese in Form von Gedanken, Stimmungen und Empfindungen aus. Mit diesem Wissen dürfte der Gedankenstrom während des Ruhegebetes für den Betenden kein Problem mehr sein, sondern zur Freude darüber werden, dass der Weg zu Gott und der von Gott zu uns Menschen frei wird, um eine Begegnung zu ermöglichen. Im Wege Stehendes und nicht zu uns Gehörendes lösen sich ab und suchen Möglichkeiten, uns zu verlassen.

Jegliches Beobachten dessen, was im Ruhegebet geschieht, ist vergeudete Zeit und bedeutet Ablenkung vom Wesentlichen. Daher kümmern wir uns im Ruhegebet um nichts, sondern kehren immer wieder sanft und leise zum Gebetswort zurück, wenn wir bemerken, dass wir es innerlich nicht wiederholen. Uns geht nichts verloren, denn alles für uns Wichtige und Wesentliche stellt sich sofort außerhalb des Gebetes wieder ein.

Durch Versenkung und die damit verbundene innere Sammlung, durch Erfahrung tiefer Ruhe und das Offenwerden für die göttliche Gnade ordnen und beruhigen sich aufgebrachte Kräfte im Menschen, die ihn bisher infolge ihrer Ungeordnetheit und Unruhe gestört haben. Nach all den Prozessen der Reinigung und Beruhigung taucht der Betende in ein tiefes unbewegtes Schweigen vor Gott ein und nimmt etwas von der in ihm ruhenden göttlichen Ruhe und Kraft auf.

Geduld

Da die guten Auswirkungen des Ruhegebetes zuerst an der Wurzel jedes Übels ansetzen, sind oft die Erfolge des Betens nicht so schnell und leicht einsehbar. Der Betende muss das wissen, um Geduld und einen langen Atem aufzubringen. Es ist wie bei einem wildwüchsigen und Schaden verursachenden Gewächs. Es nutzt nicht viel, diesem ständig wieder neu die Äste und Zweige zu beschneiden – umso mehr wächst der Hauptstamm. Wichtig ist, dass von der Wurzel her die Nahrungszufuhr abgeschnitten wird, sodass das Gewächs langsam verdorrt.

Diese Arbeit im Verborgenen übernimmt das Ruhegebet. Es reinigt Bewusstsein und Seele von allem Unguten, das sich dort verwurzelt hat. Dies geschieht allerdings schrittweise, niemals abrupt, sonst würden wir durch plötzliche Veränderungen Schaden leiden. Daher braucht der Betende dieses Wissen, um ausdauernd weiter zu machen, selbst wenn über einen längeren Zeitraum an der Oberfläche nichts geschieht. Von daher ist auch zu verstehen, wenn es in der Lehre der Wüstenväter heißt, nichts voreilig subjektiv zu beurteilen oder gar Erwartungen ganz gleich welcher Art zu haben.

Wege ins Licht

Die Erinnerung bringt vieles zutage, von dem wir glauben, es bereits vergessen zu haben oder dass es sich bereits aufgelöst hat. Sind es ungute oder gar mit sexuellen Vergehen gefüllte Erinnerungen, sollten wir ihnen nicht nachgehen oder in sie einsteigen. Die noch in uns wurzelnden diesbezüglichen Kräfte möchten sich noch einmal auf diese oder ähnliche Weise austoben und befriedigt werden. Es sollte uns genügen, zu wissen, dass wir noch weit von einem reinen Herzen entfernt sind. Im Sakrament der Versöhnung darüber zu sprechen und das Heilende des Sakramentes zu empfangen, kann durchaus eine Entwurzelung dieser unguten Kräfte und Vorstellungen bedeuten.

Ein zusätzliches, dem Sakrament der Versöhnung untergeordnetes Heilmittel ist das Ruhegebet, das uns zwar langfristig, aber dann radikal von allen ungesteuerten Trieben befreit. Die Anrufung des heiligsten Namens Jesu und die Bitte um Erbarmen stehen im Ruhegebet an erster Stelle. Die sich ausbreitende tiefe Ruhe möchte uns in die Strahlkraft der Liebe Gottes führen, doch Hindernisse stehen dem meist noch im Wege. Während des Ruhegebetes kommen sie nacheinander und wohl dosiert – wenn wir die Dauer des Ruhegebetes nicht überziehen – in unser Bewusstsein. Dieser wunderbare Lösungs- und Auflösungsprozess geschieht gänzlich ohne unser Dazutun.

Eines nur ist im Ruhegebet angesagt: Nicht einsteigen in die aufkommenden oder gar aufwühlenden Gedanken, Bilder und Vorstellungen, sondern ihnen durch das Gebetswort eine Absage erteilen. Es bedeutet ein Aussteigen aus dem Ruhegebet und sich auf ein niederes Niveau zu begeben, wenn wir all dem bewusst nachgehen, was bei uns zutage tritt. Es reicht völlig aus, wenn die Schattenseiten und dunklen Flecken unserer Innerlichkeit ausgeleuchtet und belichtet werden und sich verziehen und auflösen.

Sicherlich wird manches, das durch das Ruhegebet in Bewegung und ans Licht gebracht wird, in unserem Alltag wieder auftauchen und nach einer Klärung verlangen. Es sollte daher in unserem Leben Menschen geben, die den gleichen Weg gehen und denen wir bedenkenlos vertrauen dürfen. Mit ihnen zusammen und ihrem Rat wird es Lösungen geben, die zu einer endgültigen Befreiung führen.

Der Seele Flügel verleihen

Ist es dir schon einmal so ergangen: Du siehst einen Vogel durch die Luft fliegen und bewunderst die Leichtigkeit, mit der er dahingleitet? Vielleicht wünschst du dir, ebenso leicht und unbeschwert fliegen zu können. Dieser Wunsch scheint dir jedoch nicht realisierbar zu sein, weil du keine Flügel besitzt. Ähnlich wünschen sich viele Menschen, gut zu sein und keine Bosheit oder dunklen Kräfte in sich zu haben, um in ständiger Gemeinschaft mit Gott zu stehen und seiner Liebe teilhaftig zu werden. Der Wunsch ist zwar da, doch fehlt das Können, ihn auch zu erfüllen. Die meisten machen die Erfahrung, dass selbst bei einem guten Willen der Weg zwar begonnen, aber nach einiger Zeit wieder verlassen wird, weil er nur mühsam und anstrengend zu gehen ist. Selbst bei all unserem Wollen wachsen uns keine Flügel, um uns in die Freiheit des Heiligen Geistes emporzuschwingen. *Oh, hätte ich die Flügel der Taube, ich flöge auf und käme zur Ruhe* (Psalm 55,7).

Auf einem Fresko, das den im Himmel thronenden auferstandenen Herrn darstellt, stehen ihm zur Linken Maria und zur Rechten der Lieblingsjünger Johannes. Beide tragen auf ihrem Rücken weit ausladende Flügel. Bestimmt will der Maler damit aussagen, dass ihre Seelen, von allem irdischen Ballast befreit, leicht geworden sind und somit wie auf Flügeln zu ihrem Ursprung, der ewigen Anschauung Gottes, zurückkehren konnten.

Was kann ich tun, um leicht zu werden, damit auch meiner Seele Flügel wachsen, die zu Gott tragen? Was kann ich tun, um – unterstützt vom Heiligen Geist – mich aufzuschwingen und Frieden und Ruhe in Gott zu finden? Mein Tun und Denken, das nicht im Einklang mit dem Willen und der Liebe Gottes stehen, beschweren mein Leben und trennen es von Gott.

Seht, das Lamm Gottes, das die Sünde der Welt wegnimmt (Johannes 1,29). Doch wie wird für mich das Lamm Gottes nicht nur für meine Augen, sondern auch für mein Herz sichtbar? Es gibt mannigfaltige Wege zu diesem Ziel. Die der Asketen sind oft schwer zu gehende Wege und für diejenigen, die im Berufs- und Familienleben stehen, kaum gangbar. Doch gibt es auch andere, die mehr unserem aktiven Lebensrhythmus entsprechen und ihn unterstützen. Einer dieser Wege ist das Ruhegebet. Alle geistlichen Wege beginnen mit dem ersten Schritt, der in der Befreiung von allem besteht, was nicht zu uns gehört. Körper, Geist und Seele werden von allem Ballast entlastet, sodass wir bereits am Anfang innere

Freiheit spüren. Das Schwere, das wir eventuell zu tragen haben, besetzt uns nicht mehr ausschließlich und wir fühlen uns erleichtert. Man darf sagen: Gehen wir diesen Weg weiter, haben wir das Gefühl, dass unserer Seele Flügel wachsen.

Worte sind überflüssig

Das Ruhegebet löst einen inneren Glaubensvorgang aus, der nur schwer in Worte gefasst werden kann. Es ist daher ratsam, dass der Anfänger auf dem Weg des Ruhegebetes nicht über seine Erfahrungen spricht – ausgenommen zu seinem geistlichen Begleiter. Durch zu viel Reden kann die zarte Pflanze, die sich zu einem mächtigen und Früchte bringenden Baum entwickeln möchte, vorzeitig erstickt werden. Wir sollten daher viel schweigen und schweigend abwarten, wie der Herr es in uns wachsen lässt, wenn wir die entsprechenden Bedingungen schaffen.
Andererseits dürfen wir aber auch kein Geheimnis aus dem Ruhegebet machen und damit dunkle Kräfte heraufbeschwören. Wenn wir gefragt werden, sollten wir antworten – dabei jedoch den hohen Wert des Ruhegebetes und das, was es uns bedeutet, achten.

Sollten wir die rechte Antwort, die wir geben möchten, nicht in Worte fassen können, ist es empfehlenswert, auf die Literatur zum Ruhegebet zu verweisen. Wir spüren die rechte Zeit für uns, wenn Worte wie tiefe Wasser unseren Mund verlassen, die aus einer sprudelnden Quelle der Weisheit strömen (vgl. Sprichwörter 18,4). Zu den aus unserem Inneren von selbst aufsteigenden Worten muss dann in der Empfehlung die praktische Einübung in das Ruhegebet kommen.

Durch Worte allein wird niemand, der zudem noch abhängig ist, gebessert. Er hört und versteht sie wohl, doch richtet er sich nicht nach ihnen (vgl. Sprichwörter 29,19). Vor bestimmten Menschen sollten wir die Geheimnisse unseres geistlichen Weges verbergen und sagen: *Ich berge in meinem Herzen dein Wort* (Psalm 119,11a).

Ausnahmen

Es wird vorausgesetzt, dass wir uns für das Ruhegebet Zeit nehmen und es nicht während anderer Tätigkeiten „nebenbei" beten. Hierzu eignen sich bestimmte Stoßgebete, jedoch nicht das Ruhegebet.

Wenn wir uns im Ruhegebet auf den Schöpfer ausrichten, gibt es nichts Größeres und Höheres, als uns ihm ganz hinzugeben.

Es ist darauf zu achten, dass das Beten des Ruhegebetes nicht unter Zeitdruck geschieht und nicht unmittelbar vor dem Schlafengehen. Durch den belebenden Charakter des Ruhegebetes können sich Einschlafschwierigkeiten einstellen. Ferner ist zu beachten, dass immer vor den Mahlzeiten gebetet wird und nicht danach. Betet man nach dem Essen, macht man die Erfahrung, dass man die Speisen wie Blei im Magen fühlt und man sich übergeben möchte oder es gar muss.

Immer wieder weisen die Wüstenväter darauf hin, nicht zu lange zu beten. Selbst wenn man es gut meint, sollte man sich auf keinen Fall ein drittes oder gar viertes Mal zum Ruhegebet hinsetzen. Schmerzhafte Erfahrungen eines Zuviel zeigen, dass die relativ kurze Gebetszeit einzuhalten ist. Es gibt jedoch Ausnahmen – durch besondere Umstände bedingt:

- Erwartet eine Frau ein Kind und geht keiner regelmäßigen Arbeit nach, kann sie häufiger und länger das Ruhegebet beten.
- Stehen besondere Ereignisse bevor – wie zum Beispiel eine Untersuchung, ein Gerichtstermin, eine Rede, ein Fest, bei dem wir im Mittelpunkt

stehen, eine längere Reise, eine wichtige Entscheidung … –, ist es ohne Weiteres möglich, ein drittes Mal am Tag zu beten, eventuell dann auch unmittelbar vor dem Ereignis.

- Hat ein Kranker das Bedürfnis zu beten, kann er so oft und so lange er es möchte das Ruhegebet aufnehmen. Im gesunden Zustand wird das Ruhegebet aufrecht sitzend gebetet; für einen Kranken jedoch ist das Ruhegebet auch im Liegen heilsam.
- Wenn es ihnen guttut und sie nicht mehr berufstätig sind, können ältere Menschen ihre Gebetszeit erhöhen und das Ruhegebet ein drittes Mal am Tag beten.

Das Ruhegebet unterstützen

Ein gutes Zusammenklingen von Körper, Geist und Seele unterstützt die Auswirkungen des Ruhegebetes. Sie sollten …

- immer vor dem Essen das Ruhegebet beten – niemals nachher. Es sollten wenigstens drei Stunden vergangen sein, bevor wir mit dem Ruhegebet beginnen.

- mit zwei bis drei Minuten Ruhe beginnen und mit zwei bis drei Minuten, ohne das Gebetswort zu wiederholen, das Ruhegebet beenden.
- viel Flüssigkeit – besonders im Alter – zu sich nehmen, im Essen und Trinken (Alkohol) aber unbedingt Maß halten.
- auf einer nicht zu weichen Unterlage schlafen und das sexuelle Leben unserer Lebensaufgabe angemessen gestalten.
- gegen nichts in uns gewaltsam vorgehen oder es gar abtöten. Das Ruhegebet baut ein Zuviel ab und ein Zuwenig auf.
- Durststrecken und Dürrezeiten über sich ergehen lassen und nicht gegen sie ankämpfen. Der kluge Wüstenwanderer hält inne und lässt den Sandsturm über sich ergehen, anstatt gegen ihn anzukämpfen.
- nicht in der Sonne das Ruhegebet beten. Durch ihre Wärme und ihr Licht erhöht sich die Stoffwechselrate, im Gebet dagegen nimmt sie ab.
- während einer Tätigkeit niemals das Ruhegebet aufnehmen, auch nicht bei leichter Arbeit oder beim Wandern. Das Gebet wird dann nicht zum richtigen Ruhegebet und es tritt eine Spaltung ein.
- das Ruhegebet immer nur im Sitzen und mit geschlossenen Augen beten. Bei Krankheit kann

das Ruhegebet im Liegen und des Öfteren gebetet werden.

- vor Prüfungen, Gerichtsverhandlungen, Operationen, lebensentscheidenden Gesprächen oder anderen außerordentlichen Ereignissen das Ruhegebet – wie bereits empfohlen wurde – ein drittes oder gar viertes Mal beten.
- möglichst nicht das Ruhegebet üben, wenn kleine Kinder oder Tiere mit im Raum sind. Sie nehmen viel Lebenskraft auf, die vorerst für uns reserviert sein sollte.
- nicht während der Fahrt (Auto, Bahn, Schiff, Flugzeug) das Ruhegebet beten. Durch plötzliches Bremsen, Wellengang oder Luftlöcher bekommt das entspannte Muskel- und Nervensystem einen derartigen Schock, dass zum Beispiel der Halswirbel brechen kann.
- sich besonders anfangs ständig daran erinnern, dass das Ruhegebet absolut gar nichts mit Willensanstrengung, Konzentration und Leistung zu tun hat.
- das Ruhegebet niemandem aufdrängen, sondern eher über den eigenen Weg und die damit verbundenen Erfahrungen Schweigen bewahren.
- mit Menschen Kontakt pflegen, die auch das Ruhegebet üben, und sich besonders in vermeint-

lichen Dürrezeiten gegenseitig stärken und einander Mut machen.

- um das Ruhegebet kein Aufhebens machen, es nicht veräußerlichen und es nicht zu einem Kult werden lassen, der andere Menschen eventuell abstößt.
- nach dem Ruhegebet sich des Öfteren Zeit nehmen, um in der Heiligen Schrift und in Büchern zum Ruhegebet zu lesen.

Umgang mit Gedanken

Unverarbeitete Eindrücke

Wir können es im Ruhegebet nicht abwenden, dass immer wieder „störende" Gedanken kommen, doch wie wir mit ihnen umgehen, liegt bei uns. Indem wir innerlich unser Gebetswort sprechen und wiederholen, erteilen wir ihnen eine Absage und steigen nicht in sie ein. Wir kümmern uns gar nicht um sie, dann schwinden sie am ehesten wieder. Was lassen wir bis in die feinsten Ebenen unseres Bewusstseins nicht alles an unguten Einflüssen und Eindrücken zu? Diese beschweren uns und finden in einer Fülle von Gott abgewandter Gedanken während des Betens ihren Ausdruck. Im Ruhegebet sollten wir alle Gedanken zulassen, denn sie sind ein Anzeichen, dass Reinigung stattfindet. Während des Betens sollten wir keinem Gedanken bewusst nachgehen, sondern dem Gebet in der Ausrichtung auf Gott den Vorrang geben. Durch Übung entsteht langsam ein geistliches Leben, in dem Dunkles immer weniger Raum und somit keine Möglichkeit findet, sich auszubreiten. Reinheit des Herzens ist die Voraussetzung zum Aufstieg in die Nähe Gottes und zur Gottesbegegnung. Auf diesem Weg muss uns alles verlassen, was hinderlich ist. Dazu gehören vor allem alte unverarbeitete Eindrücke.

Viele immer wieder im Ruhegebet auftauchende Gedanken bellen den Betenden wie wilde Tiere an. Ungeachtet dieser „wilden Tiere“, die den Betenden umlagern, sollte er ganz sanft zu seinem Ruhegebet zurückkehren und es innerlich wiederholen. Sollte die „Meute“ jedoch zu stark vertreten sein und sich erneut bemerkbar machen, ist es ratsam, für einen Moment das Ruhegebet zu unterbrechen und zu beten: „Gib, Herr, den wilden Tieren die Seele nicht preis, die zu dir ruft und dich bekennt.“ Mit dem Zeichen des Kreuzes wird es uns gelingen, den Ansturm nicht übermächtig werden zu lassen, sondern dem Ruhegebet den ersten Platz einzuräumen.

Störende Gedanken

Viele Menschen stolpern darüber, dass während des Ruhegebetes bei ihnen ein Strom von Gedanken aufbricht, dessen sie kaum Herr werden können. Obwohl es unsere Absicht ist, uns im Gebet ganz Gott anzuschließen, indem wir immer wieder um die Liebe und das Erbarmen Jesu Christi bitten, kommen Gedanken, die uns von diesem Ziel ablenken. Nicht selten ergeht es dem Betenden so: Wenn er gerade in die wohltuende Stille eingetaucht ist, muss er sie wieder verlassen, da Gedanken aufsteigen und ihn mit an die Oberfläche seines Bewusstseins nehmen. Ärgern wir uns nicht darüber, denn der aufsteigende Gedanke ist eine Auflösung irgendeiner Spannung, die sich bei uns festgesetzt hat und nun durch die tiefer werdende Ruhe im Gebet geweckt und ausgedrückt wird. Alle Eindrücke, die wir nicht verarbeitet haben, müssen sich mit der Zeit ausdrücken, damit der Weg in eine größere Innerlichkeit frei wird und Gott uns mit seiner Gnade und Liebe beschenken kann. Die Auflösung dieser Eindrücke erfolgt in Form von Gedanken oder auch in Form irgendwelcher Gefühle, die wir weder bewusst in uns aufnehmen noch erwägen. In dem Bewusstsein, dass während dieses Reinigungsvorganges etwas Gutes mit uns geschieht, kehren wir erneut zu unserer Gebetsweise zurück und setzen sie bedenkenlos fort.

Lass dich also durch rein gar nichts während des Ruhegebetes stören, sondern nimm die Gedanken und Gefühle, Vorstellungen und Bilder einfach an, wie sie kommen, schenke ihnen aber keine Beachtung, sondern kehre zu deinem Gebetswort zurück. Kein Gedanke oder Bild besetzt dich über eine längere Zeit. Gedanken oder bestimmte Vorstellungen schwinden von selbst wieder, sodass du dein Gebet fortsetzen kannst. Je weniger wir in die ganz von selbst ablaufenden Vorgänge eingreifen, umso schneller machen wir auf unserem geistlichen Weg Fortschritte.

Du kannst zwar auf Erden Gott nicht erkennen, es ist dir jedoch kraft der Gnade möglich, ihn zu empfinden und seine Nähe zu erspüren. Nur allein dies ist wichtig: Alles andere lass unbeachtet beiseite und wende dich immer wieder dem Höchsten zu, damit er dich berühren kann.

Eindrücke ausdrücken

Durch unsere Sinne nehmen wir Eindrücke oder Reize auf, die entsprechend ihrer Intensität von uns verarbeitet werden müssen. Dies geschieht nicht nur durch Denken, Sprechen und Tun, sondern auch im Traum. Doch stellen wir fest, dass uns manches weiterhin auch noch nach Wochen oder gar einer weitaus längeren Zeit verfolgt und sogar krank macht. Gedanken, Gefühle und Verhaltensweisen machen sich breit, die wir eigentlich überhaupt nicht wollen. Und trotzdem können wir nur sehr wenig dagegen tun. Selbst wenn wir willensmäßig Widerstand leis-

ten, verausgaben wir uns eventuell, doch erreichen wir langfristig so gut wie gar nichts.
Ein Weiteres kommt beschwerend hinzu: Ungutes oder sündiges Verhalten, falsche Entscheidungen und ein von Gottes Plänen abweichendes Sprechen, Denken und Fühlen hinterlassen in unserem Nervensystem und in unserer Psyche mehr oder weniger stark eingravierte Spuren. Diese machen uns, wenn sie sich nicht lösen oder gelöst werden, unruhig, nervös, unkonzentriert und unter Umständen sogar krank.
Sowohl eine Überflutung von äußeren Reizen als auch Belastungen, die wir uns selbst zuzuschreiben haben, müssen ihren Ausdruck finden, damit wir nicht eines Tages an ihnen ersticken. Letztlich – so zeigt es die Lebensgeschichte des Menschen – sind wir nicht in der Lage, eine Befreiung oder Erlösung selbst vorzunehmen. Wir bedürfen der Religion, der Rückbesinnung und Rückbindung an Gott, der uns Jesus Christus als Erlöser und Heiland gesandt hat. Durch das Ruhegebet kehren wir zu vergessenen oder verschütteten Ursprüngen zurück und sehen ein, dass wir nicht nur einer tiefen heilenden Ruhe bedürfen, sondern auch der erlösenden und befreienden Heilstat Jesu Christi, die er uns durch den Empfang der Sakramente zusagt.

Durch tiefe Ruhe und Gebet zur Einsicht kommen, dass wir von unverarbeiteten Eindrücken und Belastungen befreit werden müssen, ist der erste Schritt zur Erlösung. Im Ruhegebet übereignen wir uns dem Herrn und machen uns ihm ganz zu eigen. Eindrücke, die sich nicht durch unser Verschulden in uns festgesetzt haben, werden allein schon durch den Vorgang tiefer Ruhe ausgedrückt. Belastungen seelischer Art jedoch bedürfen, damit wir von ihnen befreit werden, nicht allein der menschlichen Hilfe, sondern vornehmlich der liebenden und vergebenden Gegenwart Gottes, die uns in Jesus Christus entgegenkommt.

Viele Gedanken während des Betens

Selbst auf die Gefahr hin, dass dieses Thema bereits besprochen wurde, soll noch einmal daran erinnert werden, wie der Betende während des Ruhegebetes mit aufkommenden Gedanken umgehen sollte. Für viele fällt es schwer, zu verstehen und zu verwirklichen, dass es im Ruhegebet um keine Anstrengung und um keine Leistung geht. Die sanfte, intuitive Wiederholung des Gebetswortes fordert keine gedankliche Aktivität – außer dem leisen Impuls, zum Gebetswort zurückzukehren, wenn man bemerkt, dass es einem entglitten ist.

Durch die sich immer tiefer entfaltende Ruhe werden ungute Spannungen gelöst, die sich sowohl im körperlichen als auch im seelisch-geistigen Bereich festgesetzt haben. Auf der körperlichen Ebene zeigt sich eine angenehme Entspannung, die sogar in einen kurzen, erholsamen Schlaf übergehen kann. Auf der seelisch-geistigen Ebene drücken sich im Ruhegebet in der Regel ungelöste Eindrücke in Form von Bildern und Gedanken aus. Im Ruhegebet, das voraussetzt, bewusst keinen Gedanken zu denken, gehen wir den von selbst aufkommenden Gedanken und Bildern nicht nach. Wir wissen, dass damit etwas Gutes und Befreiendes geschieht, in das wir uns keinesfalls einmischen sollten. Selbst wenn wir glauben, kreative Gedanken festhalten zu müssen, tun wir es nicht –in der Gewissheit, dass sie nicht verloren gehen, sondern uns nach dem Ruhegebet umso reicher erfüllen.

All das, was mit den von selbst aufkommenden Gedanken in uns geschieht, hat mit dem Freiwerden von Blockaden zu tun oder – wie die Mystiker sagen – mit der Reinigung, der ersten Stufe eines jeden mystischen Weges. Wenn Gedanken an Vergangenes, Gegenwärtiges oder Zukünftiges auftreten, gehen wir ihnen weder nach, noch analysieren wir sie. Im Ruhegebet lassen wir alles geschehen, wie es kommt, geben jedoch, wenn wir bemerken, dass wir es innerlich nicht wiederholen, unserem Gebetswort den Vorrang. Damit richten wir uns erneut auf den Schöpfer aus und bleiben somit hellwach.

Kurz zusammengefasst: Den Gedanken während des Ruhegebetes geht man nicht nach, analysiert sie nicht und misst ihnen keine Bedeutung bei. Im Wissen, dass durch sie etwas Befreiendes geschieht, kehrt der Betende immer wieder durch die Anrufung Gottes und das damit verbundene Loslassen des eigenen Ego zum wesentlichen Vorgang des Ruhegebetes zurück. Entscheidend sind die Früchte des Ruhegebetes außerhalb der Gebetszeit: eine größere geistige Klarheit und mehr Lebensenergie, die durch uns umgesetzt werden möchte.

Unruhe während des Betens

Obwohl es sich widerspricht, kann während des Ruhegebetes eine Unruhe aufkommen, mit der wir nicht gerechnet haben. Wir sollten uns jetzt daran erinnern, dass tiefe Ruhe in uns ungute Spannungen und ungelöste Eindrücke auflöst. Dieser Vorgang kann mit einer vorübergehenden Unruhe verbunden sein. Daher dürfen wir diesen reinigenden Vorgang nicht unterdrücken oder nicht wahrhaben wollen. Meist vergeht diese Unruhe nach kurzer Zeit von selbst, sodass wir wieder tiefer in das Gebet eintauchen können.

Hält jedoch die Unruhe an, ist es zunächst ratsam, die Augen zu öffnen und eventuell aufzustehen und sich zu bewegen. Doch anschließend sollten wir immer das Gebet für einige Minuten wieder aufnehmen. Das Gebet ganz abzubrechen, ist der falsche Weg, denn das hinterlässt ein Gefühl von Unzufriedenheit. Sollte sich über einige Tage wiederholt Unruhe einstellen, dürfen wir davon ausgehen, dass die tiefer werdende Ruhe im Gebet zu viele Eindrücke auf einmal löst. Dies ist zwar ein Zeichen wunderbarer Wirksamkeit im Ruhegebet, doch dürfen wir dem unser Nervensystem und unser Bewusstsein nicht aussetzen. Die Gefahr, schwindlig, desorientiert oder gar gestört zu werden, ist groß. Man sollte umgehend Kontakt mit seinem geistlichen Begleiter aufnehmen, und wenn er nicht erreichbar ist, die eigene Gebetszeit um die Hälfte reduzieren – eventuell aber auch auf nur wenige Minuten für ein bis zwei Wochen zurückgehen.

Eine äußere Unruhe, die uns aus dem Gebet herausholt, ist wesentlich harmloser. Werden wir während des Ruhegebetes unverhofft angesprochen, jemand klopft an unsere Tür, ein Kind weint oder wir werden um Hilfe gerufen, reagieren wir selbstverständlich sofort darauf, indem wir unser Ruhegebet unterbrechen. Diese oder ähnliche „Störungen" aus Egoismus oder Fahrlässigkeit zu ignorieren, schlägt auf uns selbst ungut zurück. Auch hier gilt es, das Ruhegebet nicht abzubrechen, sondern es nur zu unterbrechen, um uns helfend einzubringen. Anschließend sollten wir uns aber noch einmal zum Gebet hinsetzen, um es in und mit der gewohnten Ruhe zu beenden. Diejenigen, die es nicht tun, sprechen von Kopfschmerzen, Unwohlsein und Schwindel, wenn sie plötzlich aus dem Gebet herausgerissen werden und nicht noch einmal am Ende eintauchen. Das Eintauchen bedeutet, sich in Ruhe auf den Schöpfer ausrichten, seinen Namen anrufen, um sein Erbarmen und um seine Liebe bitten und damit sich dem Heiland hingeben.

Gute und schlechte Gedanken während des Gebetes

An sich ist jeder Gedanke gut, denn er ist der Abglanz des ewigen Lichtes, das von der Kraft Gottes ausgeht (vgl. Weisheit 7,26). Durch Dunkelheit jedoch, die sich in uns angesammelt hat, kann der ursprünglich gute Gedanke entsprechend dunkel gefärbt sein und damit als schlechter Gedanke erscheinen. Im Ruhegebet kümmern wir uns um keinen einzigen Gedanken, der aufsteigt. Wenn wir ihm nachgehen oder ihn gar festhalten würden, unterbrechen wir durch einen Akt des Willens den natürlichen Fluss in eine immer tiefer werdende Ruhe, die letztlich zu der von Gott ausgehenden heiligen Ruhe wird, von der er am siebten Schöpfungstag spricht. Gedanken gleich welcher Art kommen und gehen wieder. Wenn sie schwinden, nehmen wir bewusst keinen neuen Gedanken auf, sondern kehren ganz einfach zu unserem Gebetswort zurück.

Mit der Zeit nehmen die Gedankenströme während des Betens ab, sodass wir schneller und leichter in die ersehnte Ruhe gelangen. Bewegt oder beeindruckt uns jedoch etwas, müssen wir damit rechnen, dass Gedanken und Gefühle, die mit diesen Eindrücken zu tun haben, sich in uns ausdrücken. Wir sollten wissen, dass dies ein notwendiger und gleichzeitig wunderbarer Vorgang der Befreiung ist. Die Wüstenväter nennen es Reinigung der Seele. Sollten während des Betens kreative oder gar heilbringende Gedanken aufsteigen, kümmern wir uns auch um sie nicht, denn wir dürfen sicher sein, dass sie sich nach dem Ruhegebet erneut wieder einstellen.

Im aktiven Leben jedoch geben uns die Gedanken lebenswichtige und zum Teil kreative Impulse, die wir keinesfalls unbeachtet lassen dürfen. Wir müssen sie verarbeiten und gegebenenfalls in die Tat umsetzen. Beides gehört zusammen: die Ruhe und die Aktivität. Nur durch einen ausgewogenen Wechsel zwischen beiden erfahren wir unser inneres Gleichgewicht, die damit verbundene Freude und inneren Frieden. Der so Betende und Handelnde übersteigt mithilfe der Gnade die ihm von Natur aus gegebenen Grenzen und erhält die Chance, seinen Willen mit dem Willen Gottes zu einen.

Lass jedem im Ruhegebet aufkommenden Gedanken seinen Lauf – sei er nun ein guter oder ein schlechter Gedanke; kümmere dich einfach nicht um ihn, sondern kehre immer wieder, wenn es nicht in deinem Inneren bereits schwingt, zum Ruhegebet zurück. Verfahre mit jedem Gedanken so, selbst wenn er dir als heilig erscheint. Nicht durch Gedanken an Gott, sondern einzig durch Hingabe, nicht durch Tun und Leisten, vermagst du es in diesem Leben, dich zu Gott zu erheben. Und diese Hingabe an ihn hat etwas mit Liebe zu tun, die allein in der Lage ist, uns mit Gott zu vereinen.

Zum Ruhegebet zurückkehren

Wenn man während des Ruhegebetes in Gedanken involviert ist, merkt man nicht, dass man betet. Sobald aber die Gedanken, Vorstellungen und die damit verbundenen Bilder abnehmen und schwächer werden, wird man sich der momentanen Situation bewusst: Man befindet sich im Gebet. Hier ist es wichtig, nicht den Gedanken und Bildern nachzugehen, sondern ganz einfach und leicht zum Ruhegebet zurückzukehren, um es innerlich sanft zu wiederholen. Damit erneuern wir immer wieder die Ausrichtung auf Gott. Wir kümmern uns überhaupt nicht um die aufkommenden Gedanken, sondern erteilen ihnen mit der Anrufung Gottes eine Absage. Die aufkommenden Gedanken ziehen somit vorüber wie die Wolken vor der Sonne, ohne dass wir in einen Gedanken bewusst einsteigen und ihn weiterdenken. Durch das Ruhegebet und das mit ihm verbundene Nichtstun öffnet sich der Betende einer ungeahnten Tiefendimension im Glauben. Auf dieser Ebene der Stille erfährt er mehr und mehr die von Gott geheiligte Ruhe des siebten Schöpfungstages. *Denn wer in seine Ruhe eingegangen ist, der ruht auch selbst von seinen Werken aus, wie Gott von den seinigen* (Hebräerbrief 4,10).

Das Ruhegebet ist wie ein Fahrzeug, in das der Betende einsteigt. Wenn er sich ganz der Führung überlässt, das heißt weder gedanklich oder willentlich eingreift, wird er von selbst und sicher auf das Ziel allen Betens hingeleitet. Von selbst aufkommende Gedanken, Bilder, Wünsche und Erwartungen haben die Tendenz, den Betenden aus dem Fahrzeug aussteigen zu lassen. Kümmert er sich jedoch nicht um sie, sondern bleibt im Ruhegebet, das heißt, er kehrt zu seinem Gebet zurück, indem er ihm den Vorrang gibt, erfährt er ohne Aufwand und Anstrengung erneut heilende tiefe Ruhe und damit Gottes Nähe.

Müdigkeit und Schlaf während des Ruhegebetes

Durch unseren Willen können wir eine Zeit lang Müdigkeit überspielen. Lassen wir jedoch im Ruhegebet alle Willensanstrengung los, zeigt sich als Erstes, was uns am notwendigsten fehlt. Bei vielen Menschen stellt sich am Anfang ein Schlafbedürfnis ein, dem Müdigkeit vorausgeht. Dies ist ein Zeichen dafür, dass dem Betenden etwas Wesentliches fehlt: Er hat in der letzten Zeit zu wenig Entspannung und Schlaf bekommen. Es gilt nur Eines: die Müdigkeit zulassen, sich ihr überlassen und eventuell einschlafen. Alles andere, wie sich gegen die Müdigkeit wehren, entspricht nicht dem Ruhegebet, da eine Anstrengung unsererseits erfolgt.

Schläft der Betende während des Betens ein, erlebt er einen kurzen, aber tiefen und erholsamen Schlaf. Nach dem Erwachen gilt es, nochmals in das Ruhegebet einzutauchen, um geistige und körperliche Wachheit wieder herzustellen. Das Einschlafen während des Betens sollte ein klarer Hinweis darauf sein, seinen Tagesablauf zu überdenken, sich mehr Pausen und Phasen der Ruhe zu gönnen und vor allem, früher schlafen zu gehen. Erfahrungsgemäß ist der Schlaf vor Mitternacht der tiefste und damit erholsamste.

Das Ruhegebet ebnet den Weg zum „Himmel"

Das wahrhafte Gebet ist imstande, eine Brücke vom Vergänglichen zum unvergänglich Ewigen zu schlagen, indem es die immer neue Einübung verlangt, sich vertrauensvoll einzig und allein auf Gott zu verlassen, auf seinen Heiligen Geist. Für die Zeit des Ruhegebetes zieht sich der Betende von der Außenwelt zurück und gibt jede bewusst gesteuerte Wahrnehmung, Betrachtung und Erwägung auf. Damit in seinem Inneren keine neuen Vorstellungen, Bilder und Gedanken entstehen, verzichtet er auf jegliche Eigeninitiative.

Für viele ist es am Beginn nicht einfach, alles aktive Denken zu unterlassen, denn es hat mit dem Ruhegebet nichts zu tun. Durch Nichtdenken wird das Ruhegebet immer wesentlicher; es öffnet den Zugang zum Vater im Verborgenen, indem die im Wege stehenden Barrieren abgebaut werden. Ein Hindernis auf diesem Weg jedoch sind die vielen Worte und Gedankeninhalte, die das Evangelium mit dem Wort „Plappern" bezeichnet, ebenso alle irdisch und rein materiell ausgerichteten Bitten.

Ist nicht der „Himmel" der Ort Gottes in unserem Inneren? Hier wartet der Herr auf uns. Auf diesem

Weg in die Innerlichkeit, geführt vom Geist Christi, hören allmählich die Gedanken und Bilder auf, damit die Seele sich der Gegenwart Gottes bewusst wird und seine Liebe empfangen kann, die der Verstand sich niemals vorzustellen vermag. Bei diesem Rückzug der Sinne in die Innerlichkeit, den Himmel der Seele, schließen sich ganz von selbst die Augen; sie möchten durch nichts mehr abgelenkt werden, damit der Blick der Seele umso klarer wird. Im Ruhegebet legen wir auch alle Vorstellungen von Gott ab, wachsen mehr und mehr über unsere Begrenztheit hinaus, um einmal die ganze Heiligkeit Gottes zu fassen und widerspiegeln zu können.

Auswirkungen

Wunderbare Veränderungen

Ganz von selbst werden wir durch das Ruhegebet in ein demütiges Verhalten eingeübt, das heißt, Hochmut und Stolz schwinden. Ganz von selbst schenkt sich uns ein wahrhaft ruhiger und unwandelbarer Zustand, der all unserem Tun zugrunde liegt und aus dem all unsere Aktivitäten entspringen. Wer den Weg des Ruhegebetes geht, spricht von wunderbaren Veränderungen, die nicht durch den menschlichen Willen hervorgerufen werden, sondern ein Geschenk des Himmels sind auf der Grundlage unserer Bereitschaft, uns ganz im Gebet Gott hinzugeben.

- Wir erheben uns nicht mehr urteilend und richtend über andere.
- Wenn wir beleidigt werden und andere uns Unangenehmes zufügen, bleiben wir ruhig – ohne aufzufahren oder gar dagegen anzugehen. Wir staunen über unsere Geduld und über die Fähigkeit, weitaus mehr als früher in dieser Hinsicht ertragen zu können.
- Durch die wiederholte Anrufung Gottes im Gebet wird uns seine Gegenwart immer bewusster. Dadurch wird alles, was nicht Gott ist und auch nicht auf ihn verweist, für uns zweitrangig und nicht so wichtig.

- Durch das Ruhegebet wird der Blick für alles Vergängliche geschärft und das Unvergängliche gewinnt umso eindeutiger Gestalt und wird von uns wahrgenommen und geschaut.
- Die Begrenztheit unseres irdischen Lebens steht uns klar und eindeutig vor Augen, sodass sich der Lärm um nichtige Dinge relativiert.
- Das Ruhegebet besitzt die ihm innewohnende Kraft, nicht nur den Hochmut und den Stolz aus unserem Herzen zu entfernen, sondern ist auch in der Lage, alle übrigen Sünden zu tilgen.

Bei diesen wunderbaren Ergebnissen, die durch das Ruhegebet ausgelöst werden, dürfte es eigentlich niemanden mehr geben, der aufhört, dieses Gebet zu beten. All das Gesagte ist nicht unser Verdienst. Wir bereiten durch das Ruhegebet Gott den Weg, bei uns einzukehren und uns dahingehend zu wandeln, wie er uns gedacht und erschaffen hat. Wir mögen noch so viel üben und uns ereifern: Wenn Gott uns nicht seine Gnadenhilfe zukommen lässt, ist all unser Tun umsonst. Das wahrhafte Innehalten, um Gottes Liebe wahrzunehmen und uns von ihr erfüllen zu lassen, ist ein Geschenk des Herrn. Indem das Ruhegebet uns von allem Bösen und dem, was es in uns hinterlassen hat, befreit, bereitet es dem Herrn den Weg, in unserer Seele zu wohnen, was uns dann ständig bewusst ist. Dieses Christus-Bewusstsein bewirkt in uns höchste Erfüllung und schützt uns vor Fehlentscheidungen und ganz besonders davor, Sünden zu begehen.

Hingabe und Demut

Das Ziel des Ruhegebetes besteht darin, den Geist eine ständige tiefe Ruhe erfahren zu lassen, selbst wenn wir aktiv sind. Das Ruhen des Geistes in Gott – und das nicht nur für Augenblicke, wie es der Anfänger erlebt, sondern dauernd – ist nur möglich, wenn unsere Innerlichkeit von allen Störungen, Hemmungen und Barrikaden befreit ist. Wir können diesen Weg der Reinigung maßgeblich mit unterstützen, indem wir durch unser Fühlen, Denken, Sprechen und Handeln versuchen, dass sich keine neuen Spannungen und Verkrampfungen mehr in unserem Inneren festsetzen.
Der erste Schritt ist der der Befreiung. Ungeahnt viele Abfälle und tote Trümmer von ausgelebten Leidenschaften haben sich auf dem Boden unseres Herzens angesammelt und belasten unser Leben.

Die mit dem Ruhegebet verbundene Hingabe und Demut, die immer tiefer werdende Ruhe und unser Wunsch, dem Schöpfer näherzukommen und ihm mehr zu entsprechen, sind in der Lage, allen Unrat in uns in Bewegung zu bringen und hinwegzuräumen.

Damit nun nicht zu viel auf einmal von all dem, was wir vielleicht schon viele Jahre mit uns herumschleppen, gelöst wird, müssen wir unbedingt die Gebetszeiten einhalten. Unser Nervensystem ist nur in der Lage, schrittweise diese Abfuhr von dem, was nicht zu uns gehört, zu verkraften. Ist unser Wesensgrund jedoch mehr und mehr befreit von Ballast, wird er wieder zum tragenden Element unseres Lebens. Widergöttliche Anfeindungen werden keinen zerstörerischen Einfluss mehr auf uns haben, weil wir in allem bestrebt sind, unseren Herzensgrund rein zu erhalten. Die täglichen Gebetszeiten für das Ruhegebet sind unabdingbar, wenn wir bedenken, dass durch das Ruhegebet und die damit verbundene göttliche Gnade unsere Innerlichkeit derart gestärkt wird, dass keine Fremdmacht mehr in uns eindringen kann und nicht einmal ein Angriff uns irgendwie beunruhigt.

Mögliche körperliche Auswirkungen

Obgleich die Auswirkungen des Ruhegebetes bei jedem Menschen individuell verschieden sind, gibt es doch Aussagen von Betenden, die immer wieder vorkommen. Man sollte zwar diesbezüglich keine Erwartungen haben, die körperlichen Veränderungen sind jedoch derart lebensunterstützend, dass sie in diesem Zusammenhang genannt werden müssen.

- Der Körper, die Organe und das Nervensystem verbrauchen während des Ruhegebetes weniger Energie, was sich schonend und heilsam auswirkt.
- Plötzliche tiefe Atemzüge weisen darauf hin, dass im Ruhegebet die Atemfrequenz abgesunken ist.
- Erhöhter Speichelfluss im Mund zeigt, dass durch das Ruhegebet die innere Sekretion zunimmt: ein Zeichen für bessere Verarbeitung der Nahrung und gleichzeitig ein Zeichen für die Stärkung und Heilung kranker Organe.
- Die Körpertemperatur nimmt ab und es kommt beim Betenden zu einem leichten Frieren. Durch die Veränderung der Stoffwechselrate entsteht eine größere Geordnetheit für Körper, Geist und Seele.

- Spannungskopfschmerzen lösen sich, bis sie nach einiger Zeit ganz aufhören.
- Die Anfälligkeit für Krankheiten – vornehmlich Grippeerkrankungen – nimmt ab, denn durch das Ruhegebet wird das Immunsystem gestärkt.
- Erschöpfungszustände treten nicht mehr so häufig auf wie in früheren Zeiten ohne das Ruhegebet.
- Der Zugriff auf nicht vom Arzt verordnete Medikamente lässt nach und hört letztlich auf.
- Der Betende darf mit einer Normalisierung seines zu niedrigen Blutdrucks rechnen.
- Auf der feinen Ebene tiefer Ruhe ist das Erkennen von Krankheiten im Frühstadium möglich.
- Eine sich von selbst einstellende Veränderung der Ernährung führt zu körperlicher Entlastung und zu größerem Wohlbefinden.
- Das Ruhegebet ist in der Lage, uns gänzlich von der Abhängigkeit von Schlaftabletten zu befreien.
- Der Ruhezustand während des Ruhegebetes, der erholt und den Körper heilen möchte, ist tiefer als der während des Schlafes.
- Die Arbeitsleistung des Herzens nimmt ab, sodass es sich schnell und leicht von allen Überforderungen erholen kann.

- Der elektrische Hautwiderstand – ein Zeichen für Stabilität – nimmt während des Ruhegebetes um ein Vielfaches zu.
- Die Gehirnwellen synchronisieren sich. In allen Bereichen des Gehirns zeigt sich eine deutliche Uniformität der Frequenzen und Amplituden der elektrischen Aktivitäten.
- Ein gestörtes Gleichgewicht wird wiederhergestellt, Überspannungen werden abgebaut und neue Energiereserven stehen zur Verfügung.
- Das Ruhegebet lässt Krankheiten und Leiden leichter ertragen und schenkt berechtigte Hoffnung auf Befreiung.
- Die Feinfühligkeit gegenüber biologischen Rhythmen nimmt zu.

Mögliche psychische Auswirkungen

Bei wesentlichen Veränderungen im körperlichen Bereich hat gleichzeitig die Psyche einen positiven Anteil. Zu den hauptsächlich genannten lebensbereichernden Erfahrungen gehören:

- Gute und stabile körperliche Gesundheit fördert unweigerlich die psychische Gesundheit.

- Durch das Ruhegebet baut sich eine größere psychische Belastbarkeit auf und das Bewusstsein weitet sich.
- Der Konsum von Schmerzmitteln, Schlaftabletten, Alkohol und Zigaretten, von starkem Kaffee und starkem Tee verringert oder wandelt sich und löst sich eventuell ganz auf.
- Das Ruhegebet erzeugt einen einzigartigen Zustand tiefer Ruhe, der vor allem für das autonome Nervensystem sehr ausgleichend und heilsam ist.
- Eine übergroße Spannung zwischen Gefühl und Vernunft, zwischen intuitivem und analytischem Denken wird abgebaut.
- Bestimmte psychosomatische Krankheiten können durch die tiefe Ruhe während des Gebetes gelindert oder sogar weitgehend geheilt werden.
- Der Bereich des Gehirns, der für das Wohlbefinden und die Entwicklung des Menschen verantwortlich ist, wird in besonderer Weise durch das Ruhegebet gestärkt.
- Die Grundstimmung des Betenden wird zu einer heiteren, wobei alles Belastende nicht mehr so tragisch und schwer genommen wird.
- Vorurteile werden abgebaut; die Urteile werden gerechter und objektiver.

- Das Selbstvertrauen und die Selbstachtung stabilisieren sich und wachsen.
- Im Verhältnis zum Erfolg der Arbeit ist der notwendige Arbeitsaufwand nicht mehr so hoch.
- Das Durchhaltevermögen und die Ausdauer werden gestärkt, sodass man nicht mehr so schnell und leicht aufgibt.
- Das Alter wird nicht mehr als Verlust erlebt, sondern als Gewinn, denn die Tage sind weitaus erfüllender als in früheren Zeiten.
- Das Alleinsein wird nicht zur Last, da der Betende es kreativ zu füllen vermag.
- Größere Lebensfreude und gesteigerte Vitalität sind ein weiteres Ergebnis regelmäßigen Betens.
- Besonders die unerfüllten Wünsche, die sich in die Vorsehung und den Plan Gottes fügen, gehen in Erfüllung.
- Gutes, das vorher verborgen und nicht zugänglich war, kommt ans Licht und steht uns zur Umgestaltung unseres Lebens zur Verfügung.
- Das Denken wird tiefgründiger, der Wille stärker und die Entschiedenheit eindeutiger.
- Wir können weitaus mehr von uns selbst verlangen, da sich durch das Ruhegebet ungeahnte Kraftquellen auftun.

- Eine bisher unbekannte innere Freiheit breitet sich in Geist und Seele aus.
- Belastendes wird bewusst und kann durch dieses Wissen zu einem großen Teil abgetragen werden.
- Die aus guter Intuition entstehenden Antriebe – Gedanken, Worte und Taten – werden spontan verwirklicht und lösen Freude und Dankbarkeit aus.
- Abnahme von Angst, Erhöhung der Konzentration und ein klareres Erinnerungsvermögen werden von allen, die das Ruhegebet üben, berichtet.

Mögliche religiöse Auswirkungen

Das Ruhegebet – vorausgesetzt, es wird jeden Morgen und jeden Abend regelmäßig gebetet – zeigt nicht nur körperliche und psychische Auswirkungen, sondern hat auch eine Vertiefung des christlichen Glaubens zur Folge.

- Durch Glauben, der infolge des Ruhegebetes zur Erfahrung wird, erfährt der Betende tiefgreifend den Sinn seines Lebens, seiner Aufgaben und

Pflichten in dieser Welt und gleichzeitig steigt dabei seine eigene Lebenszufriedenheit.

- Eine bisher eher oberflächlich gelebte Religiosität bricht auf und offenbart ungeahnte Tiefen.
- Dunkles und Zerstörerisches im Menschen löst sich nach und nach auf und an ihre Stelle tritt eine auf den Schöpfer gerichtete lichte Dankbarkeit.
- Die Freude und die Fähigkeit, das Leben stärker im Einklang mit dem Willen Gottes zu gestalten, beginnt zu wachsen.
- Der Wunsch, an Gottesdiensten und besonders an der heiligen Messe lebenswahrhaftig teilzunehmen, wird stärker und das Tun erfüllender.
- Eine religiöse Ausrichtung des Ruhegebetes besteht darin, dass dem Betenden ein neuer Geist und ein neuer Sinn geschenkt werden.
- Glaubensinhalte, religiöse Werte und die Geheimnisse des Glaubens werden höher geachtet und wertgeschätzt.
- Die von außen anerzogene religiöse Einstellung mit all ihren Ge- und Verboten und mit ihrer Angst vor Strafe wird durchbrochen und es entfaltet sich eine neue, tiefgreifendere religiöse Sehnsucht, die sich im Raum der Innerlichkeit erfüllt.

- Der Betende wird durch das Ruhegebet empfangsbereiter für das liebende Entgegenkommen Gottes, für seine Gnaden und Gaben.
- Die Botschaft und Verheißung Jesu wird sowohl durch das Wort tiefer einsehbar als auch im Empfang des Sakramentes tiefer erfahrbar.
- Der innere Friede ist weniger Schwankungen ausgesetzt und wird daher dauerhafter wahrgenommen.
- Worte des Evangeliums erscheinen in einem neuen Licht und geben Antworten auf aktuelle Lebensfragen.
- Glaubenszweifel weichen mehr und mehr der Gewissheit, dass Gott existiert – als Vater, Sohn und Heiliger Geist – und das Leben sich nach dem Tod fortsetzt.
- Das sakramentale Geheimnis offenbart zunehmend wahrnehmbar die Wirklichkeit, auf die es ausgerichtet ist.
- Durch religiöse Erfahrung und Erkenntnis erhält das Leben des Betenden einen tieferen und gefestigteren Sinn. Das, woran man glaubt, wird in etwas verwandelt, das man erkennen und spüren kann.

Ruhegebet und Liebe

Nicht um des Ruhegebetes willen beten wir, sondern um Liebende zu werden: um die Liebe zu Gott und die Gottesliebe zu uns tiefer zu erfahren, die Nächsten- und auch die Eigenliebe. All das, was wir inner- und außerhalb des Ruhegebetes tun, tun wir, um Liebende zu werden. Darum ist die Liebe in allem maßgebend.

Das Ruhegebet kann mit einem Schiff verglichen werden, das uns auf die andere Seite des Flussufers oder gar des Meeres bringen möchte. Bei aller Freude an der Überfahrt – manchmal kann sie allerdings auch sehr stürmisch und bewegt sein – verlieren wir nicht das Ziel aus unserem Blick und unserem Herzen: das gegenüberliegende Ufer zu erreichen. Das Schiff ist zwar notwendig, es bleibt jedoch zweitrangig in Bezug auf das, wohin wir uns gezogen fühlen: Liebende, Gott Liebende zu werden.

Ist für jemanden das Schiff die Hauptsache, ohne dass er ein Ziel hat, verliert es sich in der Weite des Ozeans und wird niemals „ankommen“. Die Konzentration auf das Schiff und seine Funktionsweisen nehmen den Reisenden so in Anspruch, dass es zu keiner auf ein Ziel gerichteten und beschleunigten Fahrt kommt. Wenn der Betende sich analog diesem

Beispiel während des Ruhegebetes an dem einen oder anderen Gedanken, an seiner Atmung, seinem Herzschlag oder gar dem Zählen seiner Gebetsworte festhalten würde, käme dies einer Konzentration gleich, die seinen Geist an einem Punkt festhält und ihn nicht freigibt, um sich auf sein Ziel hin zu bewegen. Dieses Ziel ist Gott, und Gott ist die Liebe.

Sterben um zu leben

Durch die wahrhafte Erfahrung des Geheimnisses des Glaubens, für die das Ruhegebet den Weg öffnet, offenbart sich uns die Heilige Schrift auf neue und wunderbare Weise. *Denn wer sein Leben retten will, wird es verlieren. Wer aber sein Leben verliert um meinetwillen, der wird es finden* (Matthäus 16,25). Diese und viele andere Worte der Heiligen Schrift setzen dem rationalen Denken der gegenständlichen Dimension einen nicht zu überwindenden Widerstand entgegen. Wenn ein Mensch sich nur in dieser Dimension bewegt, wird er die Worte des Herrn vom Sterben, um Leben zu gewinnen, nicht begreifen.
Durch wohlvorbereiteten Empfang der Eucharistie und das tägliche Gebet der Hingabe jedoch, in dem

auch ein Sterben und Auferstehen geschieht, erleben wir eine andere Dimension, eine göttliche, die auf uns wartet, um uns überrationales Erfahren und Schauen zu schenken. Die Fülle des Lichtes der Auferstehung ist allem Denk- und Berechenbaren weit überlegen.

Die Praxis des Ruhegebetes führt das Überhandnehmen des Rationalen in eine gesunde gottgewollte Mitte zurück, indem es dem nicht Denkbaren, dem Mysterium göttlicher Liebe, im Herzen des Menschen Raum gibt. Eine tiefe Umstellung, ja, ein Aufbruch geschieht im Inneren, sodass die durch das Rationale verursachte Verschlossenheit sich auflöst und eine neue Dimension erfahrbar wird.

Auswirkungen des Ruhegebetes verstärken

Da im Ruhegebet keine konkrete Bitte Gott vorgetragen wird, sondern sich der Betende dem Schöpfer und seinem Willen öffnet, indem er sich ihm ganz hingibt, besteht die Erhörung des Gebetes in dem, was auch immer geschieht. Die Haltung, die der Betende einnimmt, ist die der dritten Vaterunserbitte:

Dein Wille geschehe, wie im Himmel so auf Erden. Je mehr der eigene Wille, die Erwartungen und Vorstellungen im Ruhegebet zurücktreten, umso mehr Raum wird dem Wirken des Schöpfers gewährt. Die guten Auswirkungen des Gebetes können vom Betenden hilfreich unterstützt werden. Er kann den Weg bereiten und Voraussetzungen schaffen, um eine noch größere Gnade aufzunehmen. Er kann den ersten Schritt tun und die Tür seiner Innerlichkeit öffnen, die vielleicht durch Enttäuschungen, Verletzungen, Angst und Zweifel lange verschlossen war. Die folgenden Schritte tragen dazu bei, dass das Gebet wirkmächtiger wird.

- Gemeinsam beten:

  Wenn mehrere Menschen das Ruhegebet gemeinsam beten, sind die durch die Anrufung Gottes entstehenden Gebetsschwingungen unvergleichbar stärker, als wenn jemand für sich allein betet. Das Bollwerk des Widergöttlichen kann somit schneller und kraftvoller zum Einsturz gebracht werden.

- Beharrlichkeit und Ausdauer:

  Es kann Zeiten geben, in denen der Betende das Ruhegebet aufgeben möchte, da sich – wie er meint – kein Erfolg einstellt. Gerade hier ist es geboten, ohne jegliche Erwartung bedenkenlos weiterzumachen.

- Geduld üben:
  Ein Eingreifen in das Ruhegebet, Ungeduld und Neugier hemmen jeglichen Fortschritt. Vieles an Negativem hat sich in unserem Inneren über Jahre hindurch aufgeschichtet. Es braucht wiederum eine entsprechende Zeit, bis es sich im Vorgang der Reinigung, dem ersten Schritt im Ruhegebet, aufgelöst hat.

- Schweigen:
  Das Gebetswort sollte man, nachdem man es gewählt oder geschenkt bekommen hat, nicht mehr laut aussprechen. Ebenso ist es ratsam, auch mit anderen nicht darüber zu sprechen. Das Gebet gleicht sich immer mehr dem inneren Rhythmus an und wächst in tiefere Schichten unserer Innerlichkeit. Es dürfte daher selbstverständlich sein, dass es durch ein Aussprechen nicht zurück in eine gröbere Ebene geholt werden darf.

- Ein drittes Mal beten:
  Bei besonderen und vorübergehenden Belastungen kann ein drittes Mal am Tag das Ruhegebet,

wie bereits erwähnt, aufgenommen werden, eventuell auch unmittelbar vor wichtigen Ereignissen: ärztlichen Untersuchungen und Eingriffen, Warten auf eine Diagnose, Prüfungen, Gerichtsverhandlungen, persönlichen oder beruflichen Aussprachen …

- Voll Vertrauen:
  Die vertrauensvolle Hingabe wird durch das Ruhegebet eingeübt. Es ist die Haltung Jesu, die er sterbend am Kreuz seinem Vater gegenüber ausdrückte: *Vater, in deine Hände lege ich meinen Geist* (Lukas 23,46). Jesus wusste aus seiner Lebens- und Gebetserfahrung, dass die Seele in Gottes Händen und in seiner Vatergüte immer geborgen ist.

- Empfang der Sakramente:
  Die Gnade, die aus dem Empfang eines jeden Sakramentes strömt, ist umso größer, je mehr wir uns vorbereitet und dem Herrn den Weg zu uns bereitet haben. Das Ruhegebet ist ein hervorragendes Mittel, sich nicht mit sich selbst zu befassen, sondern uns auf Gott hin loszulassen, um uns ganz auf ihn zu verlassen. Der Betende vertraut mit all seinen Fehlern, Schatten und

Unfertigkeiten auf die Barmherzigkeit Gottes und gibt sich, ohne viele Worte zu machen, Gott selbst hin.

Ziel: kein Gebetswort, keine Gedanken

Im Ruhegebet wird Gott, der Schöpfer des Himmels und der Erde, angerufen und angesprochen. Der Betende öffnet sich seinem Herrn und Heiland und schenkt ihm Zeit, ein Aufmerken seiner Seele und opfert ihm sein Schweigen, seine Gefühle, Gedanken und Worte. Daher wird das Ruhegebet auch Gebet der Hingabe genannt. Gott steht im Mittelpunkt und nicht das Ego des Betenden, der mehr und mehr die Haltung eines Empfangenden einnimmt.
Es gibt jedoch Menschen, die Angst vor diesem Versenkungsvorgang haben. Wenn ihnen doch bewusst wäre, dass sie durch dieses Loslassen im Ruhegebet nur in die Hände Gottes fallen können und dabei unendliche Liebe und Geborgenheit spüren!
Ziel des Ruhegebets ist es nicht, ständig mit dem gleichen Vers zu beten, sondern entweder im Schweigen Gott zu erfahren oder außerhalb des Gebetes – je

nachdem, wie der Herr es für uns vorgesehen hat. Um in tiefere Ebenen der Ruhe und des Schweigens zu kommen, dürfen wir nicht an unserem Gebetswort festhalten, sondern müssen es ebenso wie unser Ego opfern, das heißt loslassen, wenn es sich verflüchtigen möchte. Das Eigentliche des Ruhegebetes ist eine Hinführung in die Nähe Gottes, in einen Bereich, in dem wir nicht mehr mit uns selbst beschäftigt sind, und wo es auch kein innerliches Sprechen des Gebetswortes mehr gibt. Auf der Erfahrungsebene kann man sagen, es ist ein Zustand ruhevoller Wachheit, in dem weder Gedanken noch das Gebetswort präsent sind.

Oft vergehen während unserer Gebetszeit nur Bruchteile von Augenblicken, in denen wir diese Erfahrung machen, die uns meist nicht einmal bewusst wird. Wir dürfen jedoch sicher sein, dass sich im Laufe der Zeit diese Momente ohne Gebetswort und ohne Gedanken mehren und zur inneren Erfüllung auch außerhalb des Ruhegebetes beitragen. Es ist daher wichtig, dass wir unser Beten nicht subjektiv beurteilen, sondern wissen: Das Ruhegebet ist immer wertvoll, ganz gleich, wie wir diese oder jene Gebetszeit erleben.

In den Momenten des wahrhaften Schweigens vor Gott, in denen auch kein Gebetswort mehr gegenwärtig ist, werden wir zu Empfangenden der Liebe und der Gnade Gottes. Kann es etwas Größeres und Höheres in unserem Leben geben?

Vielleicht hilft ein einfaches Bild, diese Zuständlichkeit, auf die das Ruhegebet ausgerichtet ist, besser zu verstehen. Ich besteige ein im Hafen liegendes Schiff, das nach kurzer Zeit ablegt und mich zu einem fern gelegenen Ziel bringen möchte. Das Schiff, in das ich eingestiegen bin, ist mit meinem Gebetswort gleichzusetzen. Ich lasse den Hafen, meinen Lebens- und Aufgabenbereich in dieser Welt, zurück und bewege mich auf etwas zu, das mir vielleicht noch fremd ist. Da jedoch das Ziel der Reise das Bewusstsein des Kapitäns ganz und gar ausfüllt – Gottes Heiliger Geist –, besteht in keiner Hinsicht die Gefahr, Angst haben zu müssen, verloren oder unterzugehen.

Das Schiff bringt mich sicher zum Ziel an das jenseitige Ufer. Ist es mir vergönnt, für Momente oder gar eine längere Zeit hier aussteigen zu dürfen, verlasse ich damit das Schiff und somit mein Gebetswort. Die jetzt auf mich zukommenden Erfahrungen sind so individuell und gleichzeitig so zart und leise, dass sie kaum in Worte zu fassen sind. Sie haben mit der mir entgegenkommenden Liebe Gottes, der Strahlkraft des unendlichen Lichtes, mit Erlösung und Heiligung zu tun.

Die Verheißung, in das Land seiner Ruhe zu kommen, gilt für jeden Menschen und niemand braucht Angst zu haben, zurückzubleiben (vgl. Hebräerbrief 4,1). Doch so lange wir in dieser Welt leben, müssen wir immer wieder in unseren Heimathafen zurück, um nicht nur unsere Aufgaben und Pflichten zu erfüllen, sondern auch anderen Menschen von der Existenz der jenseitigen Welt Kunde zu geben und sie teilhaben zu lassen an der Liebe, die wir von dort empfangen.

Gottesbewusstsein

Je weiter und tiefer wir uns im Ruhegebet in das göttliche Schweigen und damit in die Nähe Gottes fallen lassen, umso weniger können wir unsere Erfahrung in Worte fassen. Hat jemand noch niemals in seinem Leben die sanfte Süße des Honigs gekostet, kann man sich noch so anstrengen, den Geschmack in Worte zu fassen, um ihn zu beschreiben und begreiflich zu machen, was den Honig auszeichnet: All das Reden ist vergeblich, wenn er nicht geschmacklich mit dem Mund den Honig wahrnimmt und kostet. So ist es dem im Ruhegebet Erfahrenen kaum möglich, all das, was er in der Stille auf dem Weg zu Gott wahrgenommen hat, einem anderen zu vermitteln. Voll staunender Bewunderung bewahrt er alles in seinem Herzen.

Eines der überaus großen bewundernswerten Werke Gottes besteht darin, dass wir bereits in diesem Leben, das heißt in einer Welt der ständigen Veränderung, einen sich nicht verändernden und bleibenden Zustand erleben dürfen, der von der Liebe Gottes durchflutet ist. Was einem auch zustößt – seien es körperliche oder seelische Schmerzen, Not, Elend oder gar der Tod –: Wir sind und bleiben fest verwurzelt in der Liebe Gottes und wissen, dass uns nichts mehr von ihr trennen kann.

Unter all den sich verändernden Bewusstseinszuständen befindet sich der eine, alles tragende, durch den Gott in uns wirkt und uns erkennen lässt, was das eigentlich Wesentliche und die Zeit überdauernd Ewige ist. Wie sollten wir uns bei diesem großen Wunder, das ständig neu in uns geschieht, noch aufregen oder je beleidigt sein!

Das Ruhegebet, das sich weder im Bereich des Denkens noch gar im Vorstellbaren aufhält, findet – vorausgesetzt, wir lassen ihm freien Lauf – spontan und zielgerichtet die Gegenwart Gottes in uns. Hier, am Ziel des Betens, berühren wir die lebendige Stille des unbewegten Bewegers, die er am siebten Schöpfungstag geheiligt hat. Von hier aus werden wir wieder in die sich ständig verändernde Welt geschickt, um unseren Auftrag und unsere Aufgaben zu erfüllen.

Erfahrung der Ewigkeit

In Bezug auf die Ewigkeit ist die Zeit eines Menschenlebens fast ein Nichts. Und doch ist jeder Mensch für Gott so wichtig, als gelte seine Sorge nur diesem einen Menschen.

Taucht der Betende im Ruhegebet in Bereiche immer größeren Schweigens ein, erfährt er eine zunehmende Glückseligkeit, die weder an einen Ort noch an die Zeit gebunden ist. Dies sind Momente tiefster Erfahrung der Stille, in denen alle Relationen überschritten sind und wir Nähe zum Unendlichen spüren. Seelisches und körperliches Leid haben in diesen glückseligen Momenten keinen Bestand mehr für uns, das heißt, wir nehmen nichts Schmerzhaftes mehr wahr. Alles Veränderliche, zu dem auch Leid und Schmerzen gehören, haben sich wie Rauch zu einem Nichts aufgelöst.

Wenn diese Erfahrungen vorerst nur Bruchteile von Sekunden dauern, so dürfen wir doch durch sie wahrnehmen, dass es Seinsformen gibt, in denen alles Leid und alles Schwere ein Ende hat. Diesem Zustand, den die Schrift „Seligkeit“ nennt, ist beständige Ruhe und immerwährende Freude eigen.

Weiterführende Literatur

Peter Dyckhoff:

Das Ruhegebet. Einübung nach Cassian. München ^{6}1995.

Einübung in das Ruhegebet. Eine christliche Praxis nach Johannes Cassian, 2 Bände, München 2006.

Das Ruhegebet einüben. Freiburg ^{3}2011.

Ruhegebet. Stuttgart ^{3}2015.

Bete ruhig. Illertissen 2016.

Geheimnis des Ruhegebetes. Freiburg 2016.

Das Ruhegebet im Alltag. Freiburg 2017.

Das geistliche ABC nach Franziskus von Osuna. Freiburg 2018.

Wenn Sie das Ruhegebet erlernen möchten, erhalten Sie nähere Informationen durch die Homepage

www.ruhegebet.de

oder durch die Stiftung Ruhegebet
Theodor-Gierath-Straße 31, 51381 Leverkusen